西南财经大学
辅导员职业能力专题研究

·论文集·

《西南财经大学辅导员职业能力专题研究论文集》编写组

西南财经大学出版社

中国·成都

图书在版编目(CIP)数据

西南财经大学辅导员职业能力专题研究论文集/《西南财经大学辅导员职业能力专题研究论文集》编写组编著. —成都:西南财经大学出版社,2016.9

ISBN 978 - 7 - 5504 - 2647 - 4

Ⅰ.①西…　Ⅱ.①西…　Ⅲ.①高等学校—辅导员—工作—文集

Ⅳ.①G645.1 - 53

中国版本图书馆 CIP 数据核字(2016)第 222611 号

西南财经大学辅导员职业能力专题研究论文集

《西南财经大学辅导员职业能力专题研究论文集》编写组　编著

责任编辑:王艳
助理编辑:唐一丹
封面设计:张姗姗
责任印制:封俊川

出版发行	西南财经大学出版社(四川省成都市光华村街55号)
网　　址	http://www.bookcj.com
电子邮件	bookcj@foxmail.com
邮政编码	610074
电　　话	028 - 87353785　87352368
照　　排	四川胜翔数码印务设计有限公司
印　　刷	四川森林印务有限责任公司
成品尺寸	185mm×260mm
印　　张	12.25
字　　数	270 千字
版　　次	2016 年 9 月第 1 版
印　　次	2016 年 9 月第 1 次印刷
书　　号	ISBN 978 - 7 - 5504 - 2647 - 4
定　　价	78.00 元

西南财经大学辅导员职业能力专题研究论文集
编 委 会

前　言

　　培养什么人，怎样培养人，是教育工作的主题。大学是青年价值观培养、形成以及确立的关键时期，高校承担着培养德智体美全面发展的社会主义合格建设者和可靠接班人的重要使命，坚持以生为本，德育为先，始终是高校学生教育管理服务的首要任务。新时期，国际国内形势出现新趋势、高校自身发展显现新特点、学生多元化个性化发展呈现新需求，这些因素都赋予了高校学生思想政治教育工作新的使命，也提出了新的要求和挑战。需要我们进一步明确大学思想政治教育的主导地位，坚持思想政治教育的社会主义主导方向，通过不断丰富思想政治教育内涵和形式，以不断提升大学生思想政治教育的针对性和实效性。

　　思想政治教育工作是大学学生工作的核心内容，并贯穿于学生教育管理服务工作的各个方面。自中央 16 号文件颁布以来，高校学生教育管理服务在新时期获得了全新的阐释，它涵盖高校学生非学术性事务发展的各个方面，通过非学术性事务和课外活动对学生施加教育影响，在规范、指导、服务学生，促进学生成长方面发挥着重要作用。近年来，西南财经大学提出加快推进学生教育管理服务范式转变的专项改革任务，其目的就是要使学生教育管理服务工作与新时期学生成长发展的实际需要相适应，希望通过学生教育管理服务范式的转变，进一步为学生提供更大的学习成长自主权、自由度和选择性，以增强学生自我教育、自我管理、自我服务能力，进而保护和激发学生创新精神和创新能力，全面提升人才培养质量的目标。在实践中，我们确立了"以学生党建工作为龙头，以"三自"教育为基础，以素质教育为导向，以工作创新为动力"的思路，不断探索建立"开放式、引导式、自主式"的学生工作新模式，逐步实现了思想政治教育，由主导式教育向主导引导并重转变；素质发展，由强调全面发展向全面发展与个性发展并重转变；学生事务，由管理向服务管理并重转变；教育管理队伍，由注重事务性工作向注重专业技能提升转变，成绩斐然。

　　成绩的背后，离不开一支专业化的学生工作队伍的辛勤付出。近年来，学校坚持

"高进、精育、科学管理、优晋"的工作思路，不断提升学生工作队伍的专业化、职业化水平，通过落实《辅导员培训规划（2013—2017）》，实施分专题研究计划，学生工作队伍整体建设水平得到长足发展，此次出版的《西南财经大学辅导员职业能力专题研究论文集》正是取得的成果之一。

同时，这本论文集也是西南财经大学学生工作战线上所有老师们的默默耕耘无私奉献的成果记录，他们为学生的成长发展贡献才智，挥洒青春，为学校的安全稳定、持续发展付出了巨大努力。本书从大学生党建、大学生思想政治教育、大学生日常事务管理、心理健康教育、职业生涯规划与就业指导五个方面，收录了学校在推进学生教育管理服务范式专项改革实践中的最新成果，研究立足西部财经高等教育发展的实际，突出财经学科特色，既展现了我校学生教育管理服务工作实践成果，又在理论方面进行了创新思考，具有一定的理论水平和运用价值，对我校今后学生教育管理服务工作具有较强的指导意义和参考价值。

编委会

2016 年 7 月

目　　录

第一章　党建篇章

第二章　思政篇章

第三章　心理篇章

第四章　学生事务篇章

第五章　职业规划篇章

第一章

党建篇章

学生党组织在寝室文化育人中的作用研究

学生工作部　　　胡　舒

摘　要：大学生寝室文化建设不仅是高校校园文化建设的重要组成部分，也是高校发挥育人功能，培养社会主义合格建设者和可靠接班人的重要载体。充分发挥学生党组织在寝室文化育人中的重要作用，充分发挥寝室文化的育人功能，是当前高校在青年大学生中培育和践行社会主义核心价值观需要思考的重要课题。本文提出，要充分认识学生党组织在寝室文化育人中的重要作用，积极构建学生党组织在寝室文化育人中发挥作用的系统网络，夯实组织保障，完善制度保障，强化人力资源保障。要探索提升学生党组织在寝室文化育人中的多维路径，在打造和谐寝室文化、提升寝室活动文化品位、注重新媒体平台建设这三个方面上做好文章。

关键词：学生党组织　寝室文化　文化育人

党的"十八大"报告指出，要把立德树人作为教育的根本任务，培养德、智、体、美全面发展的社会主义建设者和接班人。大学生寝室是高校推进学生教育管理服务，不断完善管理服务模式的主要场所之一。大学生寝室文化建设是开展大学生思想政治教育的重要载体和平台。学生党组织是团结凝聚广大同学的战斗堡垒，肩负着引领校园文化的重要使命。

建设和谐寝室文化，打造一个有默契、有笑声、有温暖的宿舍，应该是大学校园文化建设不可或缺的重要内容。有效发挥学生党组织在寝室文化育人建设中的作用能够实现学生党建和思想政治教育双赢，是贯彻党的群众路线的有效形式，是实现寝室安全稳定、良好管理的重要因素。积极推进学生党组织进寝室，强化学生党组织的角色定位和责任担当，充分发挥寝室文化的育人功能，是当前高校发挥文化传承创新社会职能，在青年大学生中培育和践行社会主义核心价值观需要思考的重要课题之一。

一、推进学生党组织进寝室是发挥寝室文化育人功能的重要抓手

随着高校后勤社会化改革深入推进和学分制稳步实施，原有的以班级为主体的管理

模式正在淡化。寝室作为开展大学生思想政治教育的重要场所正越来越被重视。但是，经过梳理发现，当前在寝室文化建设、党团组织进寝室等方面还存在诸如"重管理、轻教育"、建设思想陈旧、建设管理体制落后、人力资源投入不够、大学生参与意识不强等问题。这些问题存在的主要原因是各方对推进学生党组织进寝室，充分发挥学生党组织在寝室文化育人中的重要作用认识还不到位。本文认为，发挥学生党组织在寝室文化育人中的重要作用存在三个有利于：

一是有利于创新学生管理服务模式。随着学生宿舍功能的发展变化，宿舍不再只是传统意义上的解决学生住宿的地方，而正在成为一个体现学校的学风、校风和校园文化的场所。发挥寝室文化的育人功能，必须要把握新时期大学生思想心理的新特点，坚持"以学生为中心"的理念。与此相契合的是，学生党组织的先进性和战斗堡垒作用所产生的示范效应可以极大发挥高校学生的积极性、主动性和创造性，提升大学生"三自"意识，有利于逐步建立开放性、自主性、引导性的管理服务模式。而深化高校学生管理服务模式改革对于克服当前高校"重管理、轻教育"的现实问题有着积极的推动作用。

二是有利于加强基层党组织建设。文化需要党建的引领，党建需要文化的提升。把寝室文化建设作为创新大学生党建工作的切入点，能较好处理高校学生党建工作目前存在的"两张皮"的问题。在寝室文化育人过程中，可以把党组织的引领作用、监督作用、保障作用、服务作用等都较好地体现出来。一方面，通过学生党组织的触角向寝室延伸，可以提高基层党组织的覆盖面，优化和提升高校党建科学化水平；另一方面，学生党组织立足学生寝室，找到了开展党建工作的实在抓手和平台，更好地服务学生、引领学生，有利于提升自身建设的质量和水平。

三是有利于提高思想政治教育实效。寝室文化建设是高校校园文化建设的重要方面。推进学生党组织进寝室，有利于精心培育和传承文明健康和谐的寝室文化，与大学生思想政治教育工作的开展形成良性互动。通过推进学生党组织进寝室，强化大学生党员的先锋作用和示范引领作用，促进寝室文化建设，最终实现文化育人的功能和目的。

二、构建学生党组织在寝室文化育人中发挥作用的系统网络

第一，夯实组织保障。为使学生管理工作扎实有效，要以学生文明行为养成为重点，促进学生公寓管理规范化、制度化。可以探索成立学生公寓管理委员会，建立寝室党支部，充分发挥学生党支部引导人、团结人、凝聚人的作用。扎实推进学生公寓党支部建设和党员工作站建设，延伸学生党建工作触角，反映大学生心声。选择思想素质高、工作能力强的党员担任支部书记或党小组组长，负责开展本楼栋党组织工作和活动。

第二，完善制度保障。一是建立寝室党支部定期党组织生活会制度，并切实提升制度执行力。二是建立入党积极分子、预备党员考察以及评奖评优征求寝室党团组织意见制度。要配合系党总支和学生党支部对入党积极分子进行考察、培养，向入党申请人、

积极分子、发展对象、预备党员所在的学生党支部提供其在宿舍表现的考察意见。三是建立值班制度。做好值班安排，寝室党支部每位党员同学要定期在宿舍楼值班，接受同学的咨询，收集同学们反映的问题，及时向党组织报告。

第三，强化人力资源保障。一是发挥辅导员的指导作用。建立激励机制充分发挥辅导员老师的政治引领作用，关心学生学习生活，了解学生思想动态。在寝室文化建设过程中，可以寻求外界的帮助。辅导员老师们正好可以提供帮助。二是重视学生党员骨干的基础作用。以学生党员为主力军，塑造良好寝室文化。可以探索设立党员示范岗、党员责任寝室、党员示范寝室、党员意见箱等。

三、探索提升学生党组织在寝室文化育人中作用有效性的多维路径

当前，新媒体的不断发展为当代大学生提供了海量信息。为保证高校思想政治教育工作的有效有序进行，就要求高校思想政治教育形式内容不断创新，走出课堂，走进广大学生的日常生活，走进作为大学生活的重要单元——寝室。学生党组织具有先进性，对周围学生的感染力强，是大学寝室思想政治教育的有力推动者。学生党组织应切实承担起化解矛盾、维护寝室和谐的责任，努力引领创建积极健康、和谐友爱的寝室文化。要通过学生党组织的先进性带动寝室文化的健康发展，就需要拓展高校学生宿舍区党组织生活的形式和内容。

第一，打造和谐寝室文化。西南财经大学进行一项有关大学生寝室关系的问卷调查，共回收有效问卷 157 份。其中，参与调查的男女生比例约为 2：3，独生子女与非独生子女比例约为 3：7，上大学前有住宿经历的学生占 57.32%。大一学生参与调查较多，占到 58.60%，大二和大三学生分别占 17.83% 和 16.56%，大四学生及研究生约占 7.01%。调查结果显示，84.72% 的同学认为自身寝室关系状况十分融洽或基本和谐；偶尔有矛盾的寝室约占 12.10%；仅 3.18% 的参与者表示寝室关系呈现紧张状态。可以看出，我校学生在寝室相处方面并无严重矛盾或问题。不过，调查中也显示出寝室的人际关系依然存在着一些问题。性格不合、作息时间不一致以及噪音问题等，都会带来摩擦和矛盾。寝室中出现的问题主要是各种各样的零碎小事，比较显著的有：在宿舍里喧哗、不注意寝室卫生、作息紊乱影响他人、议论他人是非等。而多关心室友、勤沟通交流、宽容忍让，则是大多数同学认为处理寝室关系的最佳准则。这项调查给我们的启示是，构建积极健康的寝室文化氛围对于高校立德树人，培养社会主义事业合格建设者和可靠接班人意义重大。要引导学生树立寝室生活的集体观念，培养学生的集体意识，加强成员之间的感情交流。各方应共同努力，用心让大学寝室成为宁静的港湾和温馨的家园。

第二，提升寝室活动文化品位。大学生寝室安排的随机性和社会环境有着相似的地方。首先，在大学生未来的工作与生活中，不管是工作中的同事还是生活里的邻居，都和寝室及室友的安排一样，是不可控的随机变量。其次，寝室的环境和工作后的办公室

环境一样，都是一个"半公共"的环境：说它公共，是因为有着其他人在场，所有人的一言一行都会给其他人带来外部性；说它的公共性并不完全，是"半公共"，则是因为同处这一空间内的基本都是相互熟悉的人，且人员在一定时期内较为固定、流动性不强，所以它和商场、街道等纯公共空间又有着本质的区别。要以优化寝室文化活动为抓手，充分发挥寝室学生党组织的主观能动性，积极开展以寝室为空间的大学生社区文化活动，以寝室文化活动品位来提高思想政治工作的效率。寝室文化建设要摒弃以往单纯意义上的卫生评比的狭隘理解，上升到以大学生思想德育建设为指导的一种文化高度，着力实现在寝室文化建设中进行学生自我管理、自我服务、自我教育。

第三，注重新媒体平台建设。有学者提出，当前的寝室文化生态存在网络化特征。随着互联网日益普及，学生的消费方式、交流方式、娱乐方式都在不断网络化，网络已经成为寝室文化的关键要素。基于此，要创新工作方法，适应信息时代的社会发展要求，在寝室文化育人中加强新媒体建设。要以学生党组织为运作主体，建设好微博、微信、人人网等新媒体平台，实现新媒体合力。用学生易于接受的方式建设好网上党校，涵盖党的建设、理论阵地、规章制度、组织生活、党员管理、特色活动等内容，通过网络宣传党的方针政策和学校的大事要事，使之成为广大学生不可缺少的精神家园。

参考文献

[1] 冯万里，乔林. 以党团组织为依托，加强高校学生寝室文化建设研究 [J]. 思想政治教育研究，2009（6）.

[2] 王刚. 加强寝室文化建设，拓宽育人渠道 [J]. 思想政治教育研究，2007（3）.

[3] 赵勇. 互联网思维：新媒体时代改进思想政治教育新视角 [J]. 外语学法教法研究，2015（7）.

[4] 梁丽，龚宇平. 网络环境下大学生和谐寝室建设研究 [J]. 学校党建与思想教育，2013（24）.

[5] 邵蔷，刘守春. 正确利用网络加强寝室文化建设研究 [J]. 思想政治教育研究，2013（1）.

西南财经大学学生党建指导中心
在全校学生基层党建工作中发挥作用对比调查

学生工作部　　　　邹　涛
法学院　　　　　　樊俊飞
经济数学学院　　　钟芸莹
经济学院　　　　　蒋学平

摘　要： 2011 年，西南财经大学贯彻落实中共中央组织部《关于在创先争优活动中开展基层组织建设年的实施意见》，率先在全国成立学生党建指导中心。本调研使用质性研究方法，通过问卷调查和访谈，先后于 2011 年、2012 年开展了两次调查，对中心成立前后在组织机制建设、学习平台建设、活动平台建设方面发挥的作用进行了对比分析，以期为高校学生党建工作提供参考。

关键词： 学生党建　组织机制　学习平台　活动平台

一、调研情况

（一）调研对象和方法

调研对象主要包括西南财经大学 20 个学院（中心）教师（含各党建工作站指导教师、党总支负责人等）、学生两类群体。针对不同对象群体，分别采用了不同的调研方法，具体见表 1。

表 1　调研对象及方法

调研对象	调研方法	说明
教师	问卷调查及访谈	访问 20 个学院（中心）的党建指导老师、党总支负责人，共计 35 人
学生	问卷抽样调查及访谈	有效分析问卷 868 份

（二）调研的数据统计

为确保问卷的有效性，问卷均采取匿名方式进行，问卷数据采用 SPSS、EXCEL 软件进行统计分析和整理（如表 2 所示）。

表 2　数据统计

学院	发放数	回收数	抽样分析数
教师	50	40	40
金融学院	200	198	100
保险学院	100	18	18
财税学院	100	62	50
法学院	100	90	50
工商管理学院	200	200	100
公共管理学院	150	100	50
国际商学院	100	77	50
会计学院	1 160	1 100	200
经济与管理研究院	100	47	47
经贸外语学院	100	70	50
经济数学学院	100	49	49
经济信息工程学院	50	39	39
社会工作发展研究中心	10	4	4
通识教育学院	100	94	94
统计学院	120	92	50
中国西部经济研究中心	20	17	17
总计	2 710	2 257	868

访谈	人数	职务
教师	10	学院分党委副书记、学生党建指导辅导员
学生党员	20	党支部书记

二、我校学生基层党建工作存在的主要问题及原因分析

（一）存在的主要问题

（1）支部组织管理的规范性需进一步加强。被调查者中，有大约 47.5% 同学认为

支委会领导力需进一步加强；30.7%的同学选择了党支部凝聚力和战斗力需进一步加强；12.3%的同学认为支部对党员的教育管理相对松散；7.9%的同学认为支部制度建设需进一步完善。可见，学生基层党支部领导力离广大学生党员的要求还有一定差距（如图1所示）。

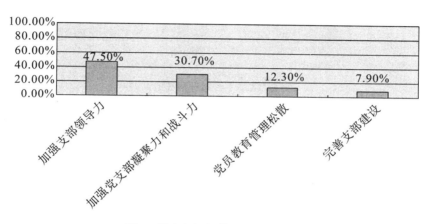

图1　党支部组织管理规范性问题

（2）教育培训的感染力和针对性需进一步加强。调查显示，18.43%的学生党员主要通过例会接受思想教育；45.16%的学生党员主要通过座谈会或交流会接受思想教育；29.95%的学生党员主要通过主题活动的形式接受思想教育（如图2所示）。

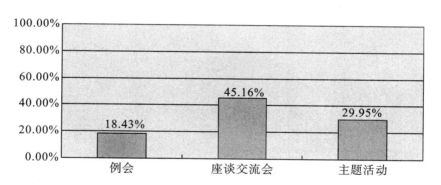

图2　学生党员接受教育培训的形式

（3）党组织活动平台建设多样性需进一步加强。54.6%的被调查学生认为，党支部活动气氛比较严肃；32.4%的被调查者希望在党建活动中加强与指导教师的交流；13.6%的学生希望在活动的形式上以实践活动为主（如图3所示）。

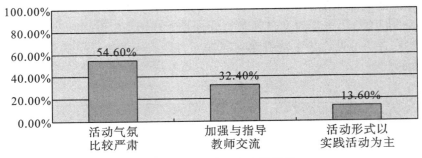

图3　活动平台建设存在的问题

（4）学生党员的身份认同感需进一步加强。调查中，23.4%的党员同学认为党员参与党支部建设的主动性需进一步提升；30%的学生党员认为党员在发挥党支部建设的责任感方面需进一步加强；19.2%的学生党员认为党员应该进一步将组织管理和自我管理相结合（如图4所示）。

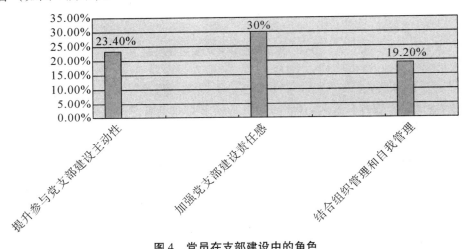

图4　党员在支部建设中的角色

（二）原因分析

（1）学生党建工作的方式与满足学生成长发展需求之间存在差距。新时期，学生接受着大量来自网络、多媒体等的信息资源，对教育方式的多样性和时代性提出了更高的要求，但传统的学生党建工作方式在贴近学生实际、贴近学生生活等方面相对滞后，不能满足学生多元化的成长发展的需求。

（2）组织建设有效性相对不足，上下衔接不够顺畅。一是校院二级学生基层党组织建设相对松散，各学院学生党建工作各自为阵，缺乏相互沟通和学习的平台。二是与其他学生组织衔接不够顺畅，学生党支部工作往往局限于支部内部，在校团委、学生会、学生社团等学生组织中影响力相对不足，限制了学生基层党建工作的教育效果和影响力的发挥；同时，由于缺乏与这些学生组织的联系，缺乏对青年学生喜闻乐见的教育方式的了解，导致感染力和吸引力相对不足。

（4）学习培训的系统性相对不足。学生党组织活动教育方式相对陈旧，活动形式单一、内容不够生动，一些学生支部理论学习仅是传达文件材料或以枯燥的方式读报念文件，学生党员的主观能动性没有被充分调动起来，定期的支部活动着力解决新党员发展问题，在活动的创新上相对薄弱。从教育重点上看，注重入党前教育，忽视入党后教育。

（5）宣传意识相对薄弱。从内容上看，既缺乏学生党员参与学生基层党建工作的情况的整体报道，又缺乏对优秀个人和先进典型的报道；从形式上看，既对校园广播、电视台、报纸等传统媒体平台运用不足，又缺乏对微博、博客等学生接触较多、影响面较广的网络的利用。

三、我校完善学生基层党建工作实践及探索

（一）理顺工作关系，完善学生党建工作的组织管理体系

（1）明确工作职责，理顺工作关系：在全校学生党建工作中，高校应结合相关职能部门工作特点，统筹规划，进一步明确职责，理顺工作关系。在学生党建工作方面，组织部应重点抓好学生党员的发展工作、学生工作部应重点抓好学生党员的教育管理工作。要将职责分工与职能部门工作特点有机结合，实现资源有机整合，工作效率最大化。

（2）实现学生党建工作的"三结合"。第一，学生党员的教育管理工作归口学生工作部后，要将学生党员的教育管理与全校学生日常教育管理工作有机结合，通过学生工作部与学院（中心）的成熟工作机制，实现学生党建工作的校院二级联动，确保学生党建工作的常态化、日常化，使之融入学生工作的每一个教育管理环节。第二，将学生党建工作与全校学生思想政治教育工作有机结合，通过既有的思想政治教育的工作体系，借助团学工作平台，进一步拓展学生党建工作内容和形式，将党建带团建、团建促党建真正落到实处。第三，将学生党建工作纳入学院学生工作考核体系，进一步提升学院学生党建工作规范化建设；将学生党员、学生基层党组织的评优纳入学生工作评优体系，进一步提升学生党员的身份认同感，实现学生评价体系上的创新。

（二）创新组织设置，进一步发挥全覆盖体系的示范效应

（1）创新成立学生党建指导中心，完善校院二级学生基层党组织架构。2011 年 6月，我校正式成立西南财经大学学生党建指导中心，各学院也相继成立党建工作站。通过不断的实践探索，我校逐步确立和形成了以学生党建指导中心为核心，13 个学院党建工作站为支撑的学生党建工作体系。学生党建指导中心由学校学生党建工作领导小组领导，挂靠学工部，设主任、副主任，包括办公室、组织部、宣传部、实践部、调研部5 个部门。配套成立的学院党建工作站，与党建指导中心形成工作对接，接受学院党总支和学生党建指导中心双重指导。各学院结合自身实际，分别在各工作站下设了研究生会党小组、本科团委学生会党小组、社团党小组、班级党小组、公寓党员先锋队、网络

"红客"工作室等学生基层党组织，从而形成了稳定的校院二级学生基层党组织架构。

（2）进一步明确学生党建指导中心、党建工作站的工作职责，充分发挥示范效应。在创新党建指导中心和党建工作站架构的基础上，学校进一步对二者的工作职责和角色定位提出了明确要求。第一，充分发挥引领服务职能，加强与学院（中心）党总支的沟通交流，发挥参与、建议职能，支持、指导和帮助班团学组织开展工作；在参与班团学活动、组织理论学习、丰富组织生活、"推优"入党、加强学风建设、密切联系同学、参与社会实践、丰富校园文化活动中，充分发挥党建中心、各学院工作站的战斗堡垒作用。第二，发挥参谋助手职能，积极参与学校建设发展各项工作，为学校建设发展献言献策；密切与学生党员的沟通，调查了解学生在党建工作中的新情况、新问题，通过党建中心提案部等及时向学校党委汇报并提出意见和建议，成为学校党委在学生党建工作中的参谋部和智囊团。第三，为广大学生党员提供锻炼能力、增长才干的舞台，为其发挥才能、展示才干搭建舞台。

（3）完善制度和机制建设。一是重点抓好党支部制度建设，坚持党日制度、党课制度、工作报告制度、民主生活会制度、党员汇报制度、民主评议6项制度；二是建立每周一次的学生党建工作例会制度，畅通学生党建指导中心、学院（中心）党建指导站、各学生党支部的信息沟通，建立全校立体学生党建工作网络；三是通过定期开展校、院两级党团学联席工作例会、党团学联席会议等，畅通学生基层党组织与团学组织之间的信息沟通，建立全校立体的党团学工作网络。

（三）强化学习教育，完善党员培训体系，促进学习型基层党组织建设

建立健全学生党员学习教育长效机制，是学生党建工作的重要内容，是确保学生党员先锋模范作用和主体作用充分发挥的基础性工程。在不断完善学生党员教育培训体系建设基础上，进一步促进学习型基层党组织建设。

（1）不断完善学生党员教育培训体系建设。学生党员的教育是目前高校党建工作的重点，要通过建立逐层递进的培训模式，加强对学生和学生党员的分层、分类培训。2011年，西南财经大学在原有党校的基础上，以各学院（中心）党建指导站为依托，逐步加强学院分党校建设，现已有13个学院在各自党建指导站下建立了分党校。各学院结合自身实际，根据学生党员的实际需求，按照"三贴近"原则，编排课程，并报学校审批，校院两级党校师资共享，实行专家督课制、学生党员评价制，确保课程质量。四级培训体系纳入校院二级党校、学生党建指导中心培训整体筹划。培训形式包括课堂培训、理论研讨、论坛沙龙、领导力提升训练、参观调研等。

（2）通过学习教育进一步促进学习型基层党组织建设。着眼于把学习型党组织建设成为组织建设的新平台，管理中心工作的新平台，党员表达意见、贡献智慧、自我教育的新平台。学习型党组织建设要着重在转变学习方式、转变组织建设方式、转变领导和管理方式上下功夫，促进由个人学习向团队学习转变；由听报告、读文件的学习方式向深度汇谈、思想交流、达成共识的学习方式转变；由间断性的组织建设方式向长效性的组织建设方式转变，由封闭式的组织建设方式向开放性的组织建设方式转变；通过建章立制、搭建平台、创造条件，以学习知识、分享经验和解决问题为导向，在学生基层

党组织营造崇尚学习的浓厚氛围，学生党员干部由简单的上传下达的中间人向设计者和组织者转变，从简单下达命令的管理者向平等的参与者和服务者转变。

（3）重点打造学习培训精品项目。一是举办的大学生党员骨干培训班，每期轮训学生党员骨干 100 名，校党委书记亲自为学员颁发毕业证书，成为学生党员骨干培训的品牌，学生党员骨干培训班共行课 20 次，内容涉及党务知识、领导力提升、"十八大"专题讲座、红色经典阅读、社会志愿服务等，培训人数 203 人。中心组织开展全校时政与党务讲座 12 次、寒假社会调研 4 次，学生党员的党性修养与个人素质有了较大的提高。二是举办西南财经大学学生党支部书记菁英论坛，将理论学习、实践体验、交流汇报 3 个环节有机结合，活动内容涵盖马列主义经典导读、领导力提升、综合素质拓展 3 个板块的 20 余项，活动形式包括在线学习、现场教学、观摩体验、科研探讨等，使论坛成为学生党支部书记学习成长的精品课堂。

（四）创新活动载体，确保学生基层党组织战斗堡垒作用和引领示范作用的充分发挥

推进学生基层党组织的活动内容方式创新，找准开展活动、发挥作用的着力点，是增强学生基层党组织创造力、凝聚力、战斗力的关键。重点要从加强支部自身建设、指导班团建设、指导学生素质提升、加强活动宣传力度四方面着力。

（1）将党组织活动与促进支部自身建设有机结合。创新支部活动的方式和内容，通过活动激发学生党员增强光荣感和责任感，使支部活动成为保持党员先进性的重要载体。重点通过开展"学生党组织生活观摩活动"评选等，由党建指导中心和各党建指导站负责，确立重点活动项目，每学期评选资助 30 个优秀项目，以活动促进支部自身建设。

（2）将党组织活动与班团活动有机结合。以理论学习为主的形式已不能满足学生的实际需要。在活动设计方面，要注重常规活动与特色活动的有机结合。各类活动既要强调与团学活动有机整合，又要强调党员活动的特色；既要以青年喜欢的方式进行引领，又要体现党员活动的示范效应和先锋作用。目前，我校学生党支部活动由党建指导中心主导、各学院（中心）党建工作站具体落实，每学期拟定工作计划，报学校备案，纳入学院学生工作考核。

（3）将党组织活动与提升学生党员综合素质有机结合。重点通过校外志愿服务基地建设、打造学生党员志愿服务活动品牌等，促进学生党员素质提升。

（4）利用媒体，加大宣传力度。党建指导中心通过学校主页、人人主页、微博、校内媒体与校外媒体平台进行宣传教育工作，取得了丰硕成果。自党建指导中心成立以来，相关活动新闻稿件已超过 100 篇，新闻照片已逾千张，并在党建工作简报及人人主页上公开宣传，部分重要新闻在校园主页上公开。党建工作简报已出版第 14 期，每月定期向学校相关部门进行党建工作汇报，积极向基层党支部宣传党建各项工作及特色活动，起到了良好的宣传教育作用。凤凰、新浪等 20 多家平面或电视媒体对党建指导中心活动进行了报道，产生了良好的社会效应。

四、前后学生基层党建工作对比

（一）党支部数量大幅增加

学生党建指导中心成立于 2011 年 6 月份，将 2011 年 1 月和 2012 年 1 月的同期数据进行比较，2012 年度全校学生党支部共 214 个，新增学生党支部 74 个，较之 2011 年增长 52.9%。并且，学生党支部书记 80% 以上由学生担任。

（二）制度更加合理，分工更加清晰

学生党建指导中心成立以来，实施严格的考核和评价制度，以及清晰的管理制度，使各个学院党支部的制度和分工更加合理。如图 5 所示，在制度合理化满意度上，从 2010 年的 34.10% 提升到 2012 年的 62.1%，分工清晰化满意度从 2010 年的 45.1% 提升到 2012 年的 73.2%，均有大幅度的提升。

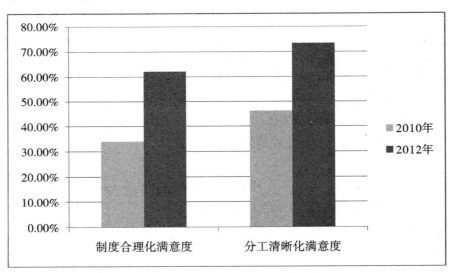

图 5　制度合理化和分工清晰化满意度变化

（三）学习培训力度大幅度增强

一是自学生党建指导中心成立后，更注重党员整体素质的提升，积极开展对各学院党支部的培训，加强培训力度。如图 6 所示，在学院党建负责人的培训次数上，由 2010 年的 1 次提升到了 2012 年的 5 次；定期与党支部党员交流和座谈的次数，由 2010 年的 3 次提升到了 2012 年的 10 次，均有较大幅度的增强。

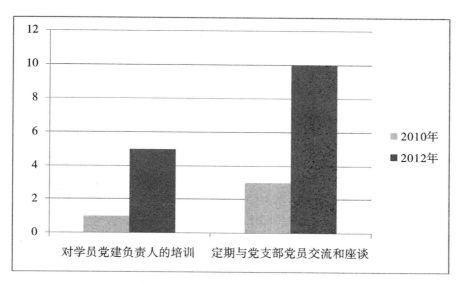

图6　基层党组织的培训力度对比

　　二是培训内容更加丰富化。学生党建指导中心成立后，不但注意增强各学院党支部的培训力度，而且注重培训内容的丰富化和多样化，以提升党员参与培训的积极性，提高培训的效果。开展不局限于理论研讨、座谈会等的培训活动。如图7所示，课堂培训从2010年的3次提升到了2012年的5次；理论研讨从2010年的2次提升到了2012年的6次；领导力训练从2010年的1次提升到了2012年的3次；另外增加了参观调研和党骨干培训内容。

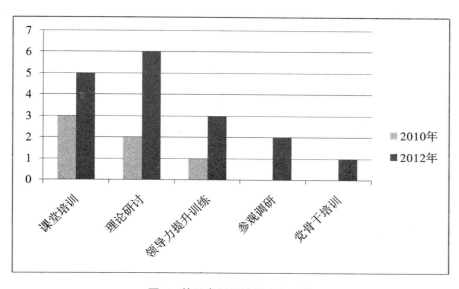

图7　基层党组织培训内容对比

（四）活动品牌效应逐步凸显

学生党建指导中心成立后，以城乡统筹学校为依托，建立特色党建基地项目成效显著；党建基地建设与学校传统志愿服务品牌项目结合，确保每个党建基地都有侧重、有特色、有亮点。

如图 8 所示，和 2010 年相比，2012 年相关媒体报道 50 余篇次，次数大幅度增加，取得了良好的社会效应；社区服务基地从无到有，现在已经与城武社区、天府街道办、涌泉社区等多个社区建立了合作关系，并建立相应的分配和监督机制，由学院党支部负责，学生党建指导中心监督，已服务社区居民上千人次；2012 年新增加新市民大讲堂、430 计划和"暖夕阳"老人关爱计划，爱接力等特色活动，形成了一批有影响力的校内学生党员精品志愿服务项目，成为校园文化活动品牌。

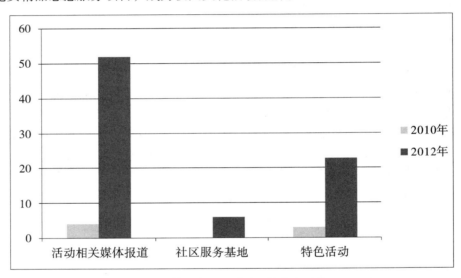

图 8　基层党组织活动品牌效应对比

（五）学生党员的活动参与度有明显的提升

学生党建指导中心成立以来，开展了一系列的组织生活活动、学习活动以、愿者活动，以及特色实践活动，极大地增加了学生党员参与活动的积极性。

如图 9 所示，在活动参与度上，从 2010 年的 60%提升到 2012 年的 82.3%，学生党员参与活动的主动性和积极性有了质的飞跃；在对活动的满意度上，从 2010 年的49.1%增加到了 2012 年的 69.2%，有了大幅度的提升。

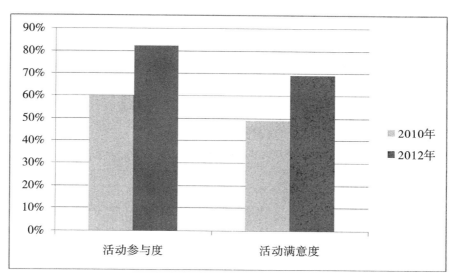

图9　基层党组织活动参与度对比

参考文献

[1] 崔春花，宋阳. 新媒体环境下加强高校学生党建工作的思考 [J]. 北京教育（德育），2012（3）.

[2] 曹培庚. 新形势下高校基层学生党建工作的探索 [J]. 思想教育研究，2012（2）：56-58.

[3] 陈福刚. 试论高校学生党建与学生工作相结合的运行机制 [J]. 教育与职业，2009（35）.

[4] 张静如. 谈谈高校党建的几个理念问题 [J]. 学校党建与思想教育，2004（12）：16-18.

[5] 应飚，李金林，程若旦. 高校学生党建工作的调研与思考 [J]. 黑龙江高教研究，2004（4）.

[6] 楼成礼，林伟连，赵文波，张子法. 高校基层党组织建设存在的问题及对策 [J]. 思想教育研究，2003（6）：18-20.

新时期关于加强高校流动党员管理的思考

人文（通识）学院　　刘伟林　吴　凯　于小杏

摘　要： 流动党员管理是高校党建工作中不可或缺的重要组成部分，高校应结合自身情况，不断探索流动党员管理模式，切实落实流动党员的教育和管理工作。做好高校流动党员管理工作，对于健全高校党建工作、夯实党的先进性基础、确保社会主义办学方向具有深远的意义。高校要根据中央有关规定和流动党员工作实际，认真分析高校流动党员的基本情况和特点，梳理和总结高校流动党员管理工作的做法、成效及存在的问题，加强高校流动党员管理工作。

关键词： 高校党建　流动党员　教育管理

一、高校流动党员管理现状

流动党员是指由于就业或居住地变化等原因，在较长时间内无法正常参加组织关系所在党组织活动的党员。[①] 高校流动党员主要由高校师生党员国内外进修、学习、考察、实习，毕业生党员出国学习、暂未就业等原因形成，已经成为社会流动党员的重要组成部分。高校流动党员的教育管理已成为当前高校党建工作亟待解决的问题之一。分析高校流动党员管理现状，主要存在以下几个方面的问题。

（一）教育针对性实效性不足

高校流动党员所在地往往随着学习、实习地点等变化而变化，以致于流动党员教育在时间上、组织上都较难统一，造成了流出地党组织对流动党员的实习、工作情况掌握不够及时的情况。流动党员的教育和管理的针对性和实效性有待提升。

（二）组织管理落实不够

个别流动党员因为出国，或者在股份制、私企、外企等其他性质的企业实习，其所

---

① 出自 2006 年 6 月 21 日，中共中央办公厅发布的《关于加强和改进流动党员管理工作的意见》。

在地党组织力量比较薄弱，党员管理相对不够规范，党组织生活还不够规范，或多或少地存在着管理不到位或疏于管理的现象，不能正常地参加党组织生活和履行党员义务。①

（三）党员作用发挥不明显

一些流动党员接受党组织教育和培养的时间不长，世界观、人生观、价值观是不很成熟；个别党员强调自我中心，缺乏集体观念；个别党员"得过且过"，学习和工作的内在需求不足，在工作或生活中碰到困难以后，容易产生消极心理，致使党员作用发挥不明显；一些流动党员所在的组织没有足够的锻炼和实践平台，对流动党员提出的要求不够或者不高，使得流动党员作用发挥不够。

二、流动党员管理问题产生的原因

高校就加强流动党员教育管理进行了很多有益尝试，但仍然存在着流动党员管理教育上的一些问题，主要原因有以下几方面。

（一）对加强流动党员的教育管理工作认识不足、重视不够

由于一些基层党组织对流动党员的教育管理工作不够重视，个别组织没有把流动党员管理作为一项重要的工作来抓。有的组织对流动党员的有关管理办法落实不够，不能给流动党员提供有效的管理。②

（二）管理机制不够，教育管理手段不能与时俱进

传统的党员管理制度如集中的民主生活会、与党员谈心谈话等都是较为健全的制度，但通常对于流动党员群体不一定适合。有的高校对流动党员教育的管理没有针对性，照搬在校党员的培养方式。有的党务工作者不注重工作方法的创新，不注意对流动党员的区别管理，造成了"不会管"的局面。③

（三）流动党员教育管理制度没有严格落实

有的高校没有很好地落实《流动党员活动证》制度，甚至使这一制度流于形式，造成了党员"流出地"和"流入地"组织不能有效接洽，让一些流动党员游离于党组织之外，缺乏有效的管理和监督。

---

①　魏长龙，陈敏. 关于大学生流动党员组织建设的思考 [J]. 经济与社会发展，2008（5）.
②　黎惠琴，涂序堂. 对流动党员管理工作的分析与思考 [J]. 党史文苑.
③　李永华，涂谦. 社会管理视域下的高校流动党员管理机制实证研究 [J]. 深圳大学学报（人文社会科学版）.

（四）部分大学生流动党员自身在理想信念、党性修养等方面面临新的挑战

（1）大学生流动党员大多数都是在大学期间发展入党的，入党时间不长，接受党组织教育的时间不长，对党的了解还不够深入。

（2）大学生流动党员分布较广，在市场经济的影响下，一些流动党员的党员意识有所淡化。

（3）部分大学生流动党员向党组织汇报自己的思想、学习、生活等情况不太主动，不能按期递交思想汇报或按期交纳党费。个别预备党员不能按期转正，甚至长期不履行预备党员转正程序。

三、新时期加强流动党员管理的方法与途径

加强高校流动党员的教育管理，多措并举，使流动党员积极发挥党员的先锋模范作用，对基层党组织建设和党员队伍建设具有重要意义。

（一）提高认识，管理工作常态化

高校要深刻认识加强流动党员管理的紧迫性和重要性，将流动党员的教育管理工作作为学校党建工作的一项常规性工作来推进。高校在流动党员流出前要及时和党员谈话，建立流动党员信息数据，进行党的路线政策方针宣讲。在流动党员回校后，要了解其在外的思想状况、生活作风、作用发挥等方面的内容，并要求其提交学习、实践期间的思想总结。高校党务工作者应经常分析本单位流动党员的现状，加强工作的主动性、预见性，提高其思想认识，增强其党性修养。

（二）落实制度，实行分类覆盖

《中共中央组织部关于加强党员流动中组织关系管理的暂行规定》根据流动党员流动的时间长短不同，作出了相应规定。① 高校基层党组织应该根据流动党员的实际情况和人数，实行分类、分层次管理模式。对于专业实习、出国交换等时间较长的流动行为，应成立临时党组织或党小组。对于海外学习、社会调查与实践、毕业生未转出党组织关系等个体的流动行为，通过校内党组织重点联系的方式进行工作覆盖。

（三）发挥基层党组织教育核心职能，做好流动党员的教育培养工作

中央发布了《关于加强和改进流动党员管理工作的意见》《中共中央组织部关于试

---

① 《中共中央组织部关于加强党员流动中组织关系管理的暂行规定》指出："党员短期外出 3 个月以内，或外出时间较长但无固定地点无法转移组织关系的，党员应通过适当方式主动与原所在党组织保持联系，汇报外出活动情况，按时交纳党费。党员 3 人以上集体外出、地点相对集中的，原所在党组织应在他们中建立党小组或党支部（或临时党支部）。对外出时间在 3 个月以上的，应同时具有关证明，委托所去地方或单位的党组织负责管理这些党员，原所在党组织应继续同他们保持联系。"

行〈流动党员活动证〉制度的通知》《中国共产党发展党员工作细则》等一系列制度规范和指导文件，对该项工作提出了明确要求。流动党员离校前，应对其进行专题教育培训，进行党的知识培训，提高流动党员的党性修养。教育内容主要包括以下几个方面：

（1）进行理想信念教育，用红色思想引领旋律。落实党的"十八大"和十八届三中、四中、五中全会精神。通过"党的群众路线教育实践活动""三严三实"专题教育、"两学一做"专题教育等党内教育，牢固树立党员意识；加强党员社会主义核心价值观教育，认真领会"三个倡导"丰富内涵；加强法律教育，增强党员法治意识；开展《中国共产党廉洁自律准则》《中国共产党纪律处分条例》的专题学习，树立党纪意识，守住纪律底线。

（2）进行党员组织关系转接基本知识的培训。高校应该在党员离校之前进行相关的组织关系接转培训。要结合《中国共产党章程》《中国共产党发展党员工作细则》对党员进行组织关系接转情况分类、党员组织关系接转细则、组织关系转移流程等知识培训。另外，要求流动党员定期向党组织汇报思想和工作，不管在什么情况下都要自觉主动地和党组织联系，从根本上减少和杜绝"口袋党员"和"隐形党员"的产生。

（四）具体情况具体分析，加强校地多方合作

对于高校流动党员，应严格要求其办理组织关系的转移。对于已经落实工作单位的毕业生党员，应要求他们及时办理组织关系接转手续；对于暂时没有落实单位的毕业生党员，可将其党员组织关系跟随人事档案转移到户籍地；其他类型如出国、休学等情况的流动党员也应做好党员关系的转移工作；对于某些流入地党组织机构还不够完善的情况，高校应该积极主动与流入地的单位组织进行沟通联系，要求流动党员在流入地单位积极参加组织生活，并尽快完成组织关系的转移工作。

（五）利用网络新媒体，进一步加强流动党员联系和管理

积极运用网络新媒体技术，突破时空的限制，通过专题网页、QQ、微信、微博、公众号推送等多种方式，以网络为载体加强与流动党员的联系和交流，利用"网络微党课""网络谈心谈话"等方式，丰富流动党员教育活动形式，增强高校流动党员管理的有效性和针对性。

参考文献

[1] 俞树彪. 新媒体背景下的思想政治教育应对策略 [J]. 学校党建与思想政治教育，2010 (8)：650-670.

[2] 杨爱东. 加强高校流动党员的管理工作 [J]. 学习月刊，2011 (14)：25.

[3] 张炜，朱倬然. 高校流动党员管理初探 [J]. 党史博采（理论），2011 (1)：29.

提升研究生党支部组织生活会质量的途径探索

统计学院　　黄　琴

摘　要：本文从提升研究生党支部组织生活会质量的重要性出发，分析了目前研究生党员和党支部的特点和组织生活会开展的现状，并结合特点和现状，从组织生活会的目标化管理、内容和形式的创新以及分阶段开展等五个方面阐述了提升研究生党支部组织生活会质量的途径，对建设学习型、服务型、创新型党支部进行了有效探索。

关键词：研究生　党支部　组织生活　质量

《中国共产党章程》中规定：每个党员，不论职务高低，都必须编入党的一个支部、小组或其他特定组织，参加党的组织生活，接受党内外群众的监督。党的"十八大"报告指出：要牢牢把握加强党的执政能力建设、先进性和纯洁性建设这条主线，建设学习型、服务型、创新型的马克思主义执政党。① 党支部（党小组）组织生活会是党支部或党小组以交流思想、总结经验教训、开展批评与自我批评为中心内容的组织生活制度。由此可见，组织生活作为党员在党组织中的基本生活制度，保证好组织生活的质量，对于建设学习型、服务型、创新型党支部能起到积极的推动作用。

一、提升研究生党支部组织生活会质量的重要性

（一）提升党支部的凝聚力

组织生活会一般每个季度或每半年举行一次，我校研究生党支部组织生活会一般每月定期举行。因此，组织生活会就是将比较分散的研究生党员聚集起来的良好举措，如果能充分发挥每次组织生活会的作用，则对于提升党支部这个集体的凝聚力具有积极意义。

---

① 胡锦涛. 坚定不移沿着中国特色社会主义道路前进为全面建成小康社会而奋斗——在中国共产党第十八次全国代表大会上的报告 [N]. 人民日报，2012-11-18（02）.

（二）促进党员的作用发挥

党的"十八大"报告指出：要增强党员自我净化、自我完善、自我革新、自我提高能力。党支部定期的组织生活会如果开展的效果好，则对提升党员的"四自"能力，提升党性修养以及党员形象，提高党员积极性以及服务群众意识等都有促进作用。

（三）对班团建设和本科生引领作用更强

研究生是高等教育的最高层次，从而研究生也是高校人才的拔尖分子，研究生党员更是研究生中的佼佼者。因此，一方面，研究生党员自身组织生活开展好了，党员意识增强了，对于促进班团建设、学风班风建设会起到积极作用；另一方面，大部分本科同学对研究生都怀有赞赏的心理，因此，由研究生党员来带动本科生发展也能起到事半功倍的效果。

二、研究生党组织生活会的特点与现状

组织生活会作为研究生党支部开展活动的重要形式，在凝聚党员力量、提升党员形象、发挥党员模范带头作用方面能起到积极作用。在对所在高校 220 名研究生党员做了相关调查后发现，研究生党支部组织生活会的开展有比较好的方面，也有不容乐观的方面，需要我们的不断创新。

（一）党员数量多致使参与组织生活会的积极程度参差不齐

根据以往的研究结果显示，高校研究生的数量是较多的，年级党员人数可以达到 40%，有些甚至超过 50%[①]。以西南财经大学统计学院的党员人数为例，入校时 2011 级研究生党员比例为 42.9%、2012 级为 48.7%、2013 级为 51.8%。可见，研究生在入学时的党员比例是远远高于本科生的。对于这些党员参与组织生活会的积极程度，通过调查显示，59% 的党员积极性是较高的，28% 的党员积极性一般，大部分党员对于目前的组织生活会积极程度处于中等水平，组织生活会还未能得到党员的高度认同，质量方面还需要进一步提升。

（二）党员构成多元化致使组织生活会的形式和内容众口难调

1. 党员年龄层次多

研究生党员的构成不像本科生党员那么单一。首先，党员年龄跨度大。本科党员年龄跨度一般为 1~2 岁，而研究生党员的年龄跨度则可以达到 5 岁，有些甚至有 10 岁的差距。其次，党员来源背景有差异。研究生党员有些是从本科直接升上研究生，有些是参加了工作后考入研究生阶段学习。这些不同的经历会导致研究生党员自身价值观的变

---

① 李忆，等. 优化组织生活增强研究生党员教育有效性［J］. 学位与研究生教育，2005（11）：48-51.

化，也会对他们参加支部组织生活产生一定的影响。最后，党员生活状况有差异。研究生党员中有些已经成家，承担着一部分家庭生活的责任；有些已经自力更生，自己承担自己的学习生活费用。这些也会对其参加支部组织生活的时间造成限制。这种多层次的年龄构成，一方面，使支部生活的形式与内容很难协调，增加了支部的管理难度，使支部更为复杂；另一方面，可以促进支部向多元化方向发展。①

2. 党员思想存在差异性

研究生党员思考的问题与本科期间有差异。首先，研究生学习能力较强。进入研究生阶段后，自我学习能力较之本科有所提高，认为很多文件、会议精神或者时事可以利用平时的时间自行学习，没有必要集中起来学习，那样比较浪费时间。其次，研究生科研压力较大。进入研究生阶段，大部分同学都会面临较大的科研学习压力，他们更愿意将时间花在科研学习方面，比如到图书馆进行文献检索、帮助导师做项目等。最后，研究生实习期较长。目前研究生的学制一般为 2～3 年，一年或两年的学习结束后，大部分研究生就会进入到实习阶段。因为实习是分散的，在实习期要将党员集中起来开展组织生活也不太现实。但党员思想的差异性又会为支部活动创新提供一定的基础和平台。②

（三）研究生党支部的阶段性导致组织生活会开展不平衡

目前，研究生的学制一般为 2 年或 3 年，研究生党支部存在的时间一般也就是 2 年或 3 年，党支部存在的临时性导致支部工作开展有其自身特点。以 3 年制为例，研究生第一学期，党支部成立，党员之间相互熟悉，选拔支部支委；第二学期才进入正式的开展工作阶段；第三、第四学期是开展组织生活的关键期；第五学期则进入毕业阶段，支部工作很难体现特色。一般情况下，前期研究生党支部组织生活能顺利开展，而到了后期，组织生活会的频率会出现下降趋势。③

（四）组织生活形式重理论、轻实践

调查显示，68% 的组织生活都是以集中学习（包括发展、转正等讨论）和讲座的形式开展，志愿服务和社会实践的形式只占到了 16%。而被问到希望以什么样的形式开展组织生活会时，有 52% 的党员选择希望采取志愿服务、社会实践、观看视频与学习相结合的形式。调查结果充分表明，目前研究生党支部的组织生活形式比较注重理论学习，这是符合组织生活会内容要求的，但形式过于单一，缺乏一定的创造性。

（五）组织生活会的开展对党员作用的发挥程度有待提高

组织生活会的开展应该对党员在群众中的作用发挥起到积极作用，在被问到"组织生活会对党员作用发挥情况程度如何"这个问题时，有将近 80 名党员选择"能提升党

① 赵正桥，等. 提高研究生党支部组织生活有效性的策略研究 [J]. 思想理论教育，2006 (2)：49-54.
② 王阿妮. 科学发展观视野中的研究生组织生活实效性探索 [J]. 南方论刊，2009 (12)：36-37.
③ 马林海，等. 高校研究生党支部组织生活面临的新挑战与对策 [J]. 高校辅导员，2011 (12)：24-27.

员素质"；将近 70 名党员选择"能服务群众、提升党员形象"；将近 60 名党员选择"能提高党员积极性"。这就说明目前研究生党支部所开展的组织生活会对党员有一定的促进作用，但作用发挥的空间还有待提升。①

（六）党员干部培养的特殊性难以保证组织生活会的质量

由于研究生党支部存在时间短、研究生党员自身的复杂性等特点，使得党员干部的培养具有特殊性。研究生刚入校时，对于其情况除了翻阅档案外，很难了解其以前的具体表现，只能通过一段时间的观察以后，方可以有所了解，再对其进行业务能力、思想素养等方面的培训，让其掌握支部的各项工作流程。当培养了一名成熟的学生党员干部后，他们将面临实习、找工作或毕业，给开展高质量的组织生活带来了一定的局限。

三、研究生党支部组织生活会质量提升的创新途径

基于研究生党支部组织生活会开展的特点和现状，本文认为要在研究生党支部中开展高质量的组织生活会可以从以下途径着手。

（一）实施组织生活会目标化管理

首先，党支部要确定大家认同的可行的目标，即提出"我们要创建什么样的支部"，达成共识，形成理念。其次，党支部的组织生活会要在总目标的基础上展开，对目标进行分解，设定党支部建设的各个小目标，由小目标开始逐一实现，最终实现党支部的总体目标；同时，支部内每个党员为完成这个共同目标要承担相应的责任，即把任务分解到各个党小组，再分配到每个党员，每个党员完成自身责任的同时，也就完成了党支部的建设目标。

（二）组织生活会内容与形式的创新

1. 从内容上来说

组织生活会除了常规的发展、转正和考察工作，以及集中学习等以外，多辅以志愿服务、社会实践、调查研究等内容，这些组织生活的开展对于体现研究生自身价值，增强使命感都有帮助作用。比如，通过研究生党支部在校内外开展以社会主义核心价值观为主题的调查，并在组织生活会上对调查结果展开讨论，结合实际调研，不仅能发挥研究生的专业优势，更能有效达到学习教育的目的。

2. 从形式上来说

第一，组织生活会实施项目化管理，由党支部下的各党小组具体筹划每月组织生活会，包括前期准备、中期开展以及后期评估，并将开展效果纳入对党小组的考核中，保

---

① 陈荣庚，等. 新形势下高校研究生基层党组织活动探索与实践研究［J］. 吉林省教育学院学报，2013（7）：48-49.

证组织生活会开展的效果。比如，通过研究生党支部成立了特色党小组，由特色党小组负责筹划包括志愿服务、就业创业、演讲竞赛等在内的各种形式多样的组织生活会，在形式上实现突破。第二，学院统筹协调组织生活会的开展。比如，通过在学院成立党建工作站，由工作站统筹整个学院的党建工作，特别是推动各支部的组织生活会的开展，协助研究生党支部之间的交流与沟通。工作站除制定每月组织生活会主题外，还于每月开展主题党性教育活动，让组织生活会不流于形式，更加实在具体。

（三）发挥研究生党支部阶段性特点，开展具有阶段特色的组织生活会

1. 新鲜期

在研究生入校第一学期，可以称为新鲜期，开展以团队建设为主的组织生活。这个时期党员同学彼此都有新鲜感，而且对组织也很有热情，要让党员同学之间迅速熟悉起来，增进认识与交流，调动起积极性，使其对党支部有认同感，只有发挥每个党员的积极作用，才可以开展质量高的组织生活会。

2. 成熟期

在第二、第三学期（这里以三年制为例，两年制则为第二学期），可以称为成熟期，开展以推动支部建设与发展为主的组织生活。这个时期，支部党员已经完成熟悉了，支部委员也确定了，在支委的带领下，研究生党支部可以将组织生活会的重点放在学习提高、志愿服务以及社会调研等方面，更好地实现自身完善、服务同学的目标，并提升自己的专业素养。

3. 发展期

在第四、第五学期（两年制则为第三学期），可以称为发展期，开展以实习就业服务为主的组织生活。这个时期，研究生们所关注的更多是实习、就业或考博等方面的信息，支部组织生活就可以根据大家的需求，在组织生活会上分类开展。比如以实习经验交流、就业技巧分享、考博信息传递等为内容，激发研究生党员的热情，也能更好地为群众服务。

4. 毕业期

在第六学期（两年制则为第四学期），可以称为毕业期，开展党员离校前党性教育、感恩母校等组织生活会。这个时期，党员即将毕业离开学校，党支部也即将解散，在离校前开展一些关于党员的党性修养、传承大学精神等方面的组织生活，有助于提升研究生党员的思想境界。同时，组织生活还要反映党员对母校、母院以及教师的感恩回报，比如党员建言献策、党员离校前为母校做一件事等活动，既可以体现组织生活会的多样化，又能增强研究生党员对组织的归属感。

（四）研究生党支部与本科生党支部联动发展

组织生活会的开展，不能仅仅局限于研究生党支部内部，研究生作为高校教育的最高层次，他们对本科生有相当的影响力，所以激发研究生党支部与本科生党支部共同开展组织生活会，对于提升生活会的质量有良好效果。比如，让研究生党支部和本科生党支部结对子，丰富组织生活会的形式，发挥研究生强科研、本科生强活动的优势，整合

资源，提升组织生活会质量；还可以在研究生和本科生之间建立朋辈辅导机制，通过一对一的帮扶，彼此带动，相互引领，形成支部间的联动发展。

（五）党员干部的选拔培养程序化、规范化

要开展高质量的组织生活会，离不开综合素质高、能力强的党员干部。因此，制定程序化、规范化的党员干部选拔培养机制是至关重要的。此外，对于研究生党员干部而言，首先，要考虑的是其对党支部工作的热情，即学生党员干部一定要热爱党建工作；其次，就是要能克服困难、不服输，这样才可以在工作难以开展的时候有信心坚持下去；再次，学生党员干部要团结一致，支委要创造良好的沟通基础，遇事一起协商解决，这是支部工作顺利开展的有力保障；最后，支委要有明确的分工，明确自身职责范围，对自身承担的工作具有高度的责任感。

参考文献

[1] 胡锦涛. 坚定不移沿着中国特色社会主义道路前进为全面建成小康社会而奋斗——在中国共产党第十八次全国代表大会上的报告 [N]. 人民日报，2012-11-18 (02).

[2] 李忆，等. 优化组织生活增强研究生党员教育有效性 [J]. 学位与研究生教育，2005 (11)：48-51.

[3] 赵正桥，等. 提高研究生党支部组织生活有效性的策略研究 [J]. 思想理论教育，2006 (2)：49-54.

[4] 王阿妮. 科学发展观视野中的研究生组织生活实效性探索 [J]. 南方论刊，2009 (12)：36-37.

[5] 马林海，等. 高校研究生党支部组织生活面临的新挑战与对策 [J]. 高校辅导员，2011 (12)：24-27.

[6] 陈荣庚，等. 新形势下高校研究生基层党组织活动探索与实践研究 [J]. 吉林省教育学院学报，2013 (7)：48-49.

高校"90后"学生党支部建设创新探析

证券与期货学院　　　许晓卉　　张碧倩

摘　要：高校党建工作科学化水平的提升是学校科学发展的根本保证，党建工作的对象为"90后"学生，如何结合其特点开展工作，取得事半功倍的效果，是解决如何加强基层党支部建设和提升党员发展质量两大命题的关键所在。通过调研，提出高校"90后"学生基层党组织建设创新七大转变领域、九个具体措施，为创新提出了切实可行的平台和路径。

关键词："90后"　基层党支部建设　创新

基层党支部是党组织与时俱进、永葆活力的源泉，高校开展基层党支部建设创新具有现实意义和示范作用，提升党建工作科学化水平是确保学校科学发展的根本保证。现代大学的使命是人才培养，而学生党员作为最优秀的大学生群体，提升其质量是学校内涵式发展的重要内容。目前，加强基层党支部建设和提升学生党员发展质量是摆在学生党建工作面前的两大命题。

一、"90后"学生党员特点及其与党建工作联系

与以往时代的年轻人不同，踏入大学校门的"90后"给高校党建带来了新挑战。他们在社会转型期长大，生活在海量信息的网络时代，社会思想思潮的复杂性、价值观的多元化给他们带来了深刻影响，他们爱憎分明、独立、有个性、有主张，敢于挑战传统质疑权威，善于提出问题、解决问题。中央党校党建研究部主任王长江教授指出："我们党的建设从来都是很鲜活很生活化的，从来都是源于生活介入生活的，善于把党的活动融合到普通百姓的生活恰恰是共产党的一个最大优势。"① 因此，高校党建有必要结合当前"90后"大学生的基本特征，推进创新，为"90后"大学生健康成长与脱颖而出开展扎实工作。

---

① 刘长泽. 执政规律与执政党建设——访中央党校党建教研部主任、博士生导师王长江教授［J］. 中共石家庄市委党校学报，2006（9）：4-8.

二、目前高校"90后"学生党员及基层党支部存在的问题

通过对 500 名在校"90后"学生党员发放问卷和实际工作的开展，笔者认为目前学生党员和基层党支部的特点是时代性、复杂性和流动性。所带来的最为突出的三个问题是：学生党支部活动形式缺乏创新、学生党员先锋模范作用没有真正体现以及基层党支部功能弱化。

（一）学生党支部活动形式缺乏创新

组织生活形式单一，缺乏创新与活力，没有充分考虑"90后"学生特点，影响学生党员参与的积极性与主动性。引导青年离不开活动，用青年喜欢的方式服务青年，能够得到他们发自内心的认同。学生党建工作也是如此，用创新的方式开展基层党支部活动，有助于党员教育的入脑入心。

（二）学生党员先锋模范作用没有真正体现[①]

部分党员意识淡薄，入党前后两个样，入党动机不纯，关键时刻不敢"亮身份"。党员入党后的继续教育和考核环节相当薄弱，部分党员认为只要入党了就万事大吉，预备党员到正式党员中一年存在相对薄弱的盲区，"重发展、轻教育"是比较突出的问题。

（三）基层党支部功能弱化

学生党支部建设的稳定性影响支部党建质量，传统的支部划分方法是本科按年级专业划分、研究生按班划分，造成了随着学生毕业，整个支部和支部书记的撤销，支部流动性大、建设时间短，学生支部无法树立品牌，同时造成了低年级支部人数少、高年级支部人数多的奇特现象。加之支部书记业务水平不高，部分担任党支书的辅导员、行政人员由于没有接受过系统的理论提高、业务培训，造成思想上不重视、工作开展不到位；担任党支书的学生由于责任心不足、魄力不够，造成支部纪律松散，组织生活走过场的情况。

三、提升并创新"90后"学生党支部建设的主要措施

我们的调研有助于了解以"90后"学生为主体的基层党支部建设存在的突出问题，认识到解决这些问题的紧迫性和必要性，并且通过构建一套可测量、标准化的党员考评体系，提升学生党员质量；通过创新基层党建工作载体，结合"90后"学生党员需求，

---

① 许晓卉. 浅析高校学生党建工作问题、成因及对策 [J]. 东方教育，2014（12）.

真正发挥基层党支部的战斗堡垒作用；通过项目的研究，有助于打造一批品牌基层党支部，发挥优秀基层党支部的示范作用，提高党建工作水平。

（一）工作架构从树形化向蛛网化转变

传统的党建组织架构是株式（树型），能够做到上下联动。未来的组织可能是蛛网型（拓扑型），即上下联动，也左右互促，每个基层组织都是党建活动开展的"核反应堆"，上级党组织只需要输送原料，党建能量就能源源不断地从支部迸发出来。

（二）工作模式由模糊化向标准化转变

当前，党建工作存在着不同程度的计划模糊、考核模糊等人为因素的问题，这与长期以来党建工作的工作尤其是考核的非标准化和非量化有关。而实际上党建工作操作流程是可以做到统一规范的。例如按对象划分为普通学生、入党积极分子、预备党员和正式党员；按党校培训阶段分为调研阶段、学习阶段和追踪反馈阶段；按发展路径分为团内推优、群众测评和党内表决；按选拔考核分为入党积极分子考核办法、党员发展、转正实施办法和正式党员考核办法；等等。每个阶段和环节都要制定具体的可量化的执行标准和实施细则，使党建工作在模式操作上更加规范化和具体化。

制定党员、党支部书记考核制度。加强党员入党（尤其是转正后）后续教育并定期考核。制定《学生党员考核制度》，从学生党员的理论学习、学习工作表现、生活表象、群众评价等内容进行考核。例如正式党员每年由支部书记、支部成员、群众对其打分，不合格的予以党内警示；预备党员每季度进行一次理论考试，作为其转正的依据之一。对学生党员提出明确的要求。加强支部书记系统培训，召开支部书记例会、主题沙龙等加强队伍建设，定期考核，不合格者予以撤换。

（三）工作思想从传统化到时代化转变

传统的党建工作设立支部方法僵化，支部多以班级年级划分；教师党支部和学生党支部分头建设互不相干问题突出；党建工作存在盲区。而党建工作时代化，是适应师生党员真实需求，适应高校国际化进程，也是适应"90后"大学生个性发展的需要。我们在工作中应调整观念，更新思想，立足现实，充分考虑学生党员的需要，推陈出新，探讨出新时期、新形势下基层党组织建设的新思路。

第一，师生共建专业纵向党支部和专业纵向党支部群。通过调研，大部分学生党员认为师生党员间应互动，希望教师党员在科研、就业、学习等方面进行指导。针对这种状况，建立专业纵向党支部，也就是由专业课教师、博士、硕士、本科生按同一专业方向进行设置，打破原来按年级划分支部的习惯，既可避免高年级人多、低年级人少的现象，又不会因高年级毕业而造成支部的撤销，而相对平衡的支部结构有利于支部间的竞争，可以打造一批品牌党支部。改变教师党支部、学生党支部分头建设、互不相干的现状，也可避免教师党支部组织生活相对冷清的情况，更好地发挥专业课教师党员的人格魅力。如果由教师担任支部书记，对支部成员的归属感和自豪感会有提升作用，支部的战斗堡垒作用可以真正体现。对于部分教师人数不足的学院，则可建立专业纵向党支部群，保证教师党员在学生党员中的亮相率，充分发挥教师党员的育人作用，也把教师党员在高校中的示范作用落到了实处。

第二，设立海外交换学生临时党支部，适应国际化教育进程，消除党建盲点。随着学校国际化教育进程的加速，越来越多的"90后"学生在校期间申请到海外高校交换学习，期限多为1年，出国交换的学生多为品学兼优，党员数量不少，由于没有建立临时党支部，使得这一年交换期间海外学生党员处于游离状态，组织生活无法保证正常化、规范化。针对这种情况，成立海外交换学生临时党支部，借助互联网技术创新支部活动载体，如通过视频会议定期组织活动来加强政治理论学习，或通过QQ群进行日常的交流和管理。同时组建一支海外党员联络员队伍，建立党员教师或支部委员与海外学生"P2P"联络制度，以保障海外学生党建工作落到实处。

（四）工作手段由经验化到信息化转变

随着互联网信息时代的到来，党建工作面临着重大的技术革新挑战，"90后"大学生也正是伴随着互联网的发展而成长的。如何将信息技术和网络应用到党建工作中，是一个重大课题。现阶段党建工作对网络的有效利用不够广泛、不够生动，对学生的吸引力不大、学生关注度不高，没能达到理想的效果。党建工作网络化应着力构建两个平台，一是建成强大而丰富的网上信息平台，二是形成一个师生互动、信息畅通的网上沟通平台。

结合"90后"大学生特点，积极应对网络等新媒体挑战。充分利用网络、手机等新载体，结合艺术、时尚元素，更好地引导青年学生党员，用他们喜爱的方式来引领思想，结合Web2.0时代特征，组织管理利用学生常用的微信、微博、人人网等工具。校团委的"手机报"有很好的示范作用，可以创办"手机党报"，定期通报党内时政要闻、热点透析、典型示范等，把党建工作的触角延伸至每一个师生、每一个角落。

（五）工作机制由形式化向实效化转变

拓展领域，构建有效的激励机制。结合"90后"学生的思想状况和心理需要，在加强意识形态工作的同时，拓宽渠道，运用目标激励、成就激励、身份激励等手段激发广大学生党员的自主自觉性，增强党员的自豪感和归属感，在学习和生活中起到先锋模范和持续引领的作用。

第一，建立班级常设党组织制度（班级党代表制度）。由本班党员同学担任本班党代表，并指导班级团支部和班委开展工作。该模式让班级党代表以学生干部的角色，体现了培养联系人、舆情监管人、党建执行人、学习科研带头人等角色，充分发挥模范带头作用，切实落实基层党建工作的科学和持续发展。保险学院已经进行该制度的实践，这种由本班同学担任党代表的制度，也是借鉴"三湾改编"中"支部建在连上"的宝贵经验，再结合辅导员担任党支部书记制度，实质上是将党建工作更彻底地纳入了传统的班级工作，切实体现了由党建指导团建、由党建指导班级活动的思想。实践中也证明，正是由于班级党代表的存在，党支部的活动开展起来顺利而且有效，树立了党员先进性的表率，体现了创先争优的成果，建立了一支站得稳、拉得出、打得胜的学生党员队伍。

第二，建立党政联系支部制度。可与专业纵向党支部和专业纵向党支部群制度相结合，学校、学院的党政领导干部，具体联系某一个支部，真正参与到支部活动与建设中来，了解"90后"学生党员真实情况，降低领导干部在学生党员中的神秘感、距离感，对于提升支部质量、凝聚人心、打造品牌基层党组织有着重要作用。

（六）工作载体由单一化向多样化转变

学生党组织活动应该无声息渗透于学生的学习生活中，达到润物无声，真正入脑入心。而结合"90后"学生党员新特点，创新载体才能使党建工作更加生动有趣、丰富多彩。

第一，创新党员活动载体。通过开展活动，树立党员自我意识，让学生党员参与到学校发展中来，如"我为西财发展献一策"活动强调学生党员主人翁意识；"党员寝室挂牌"，让党员敢于"亮身份"，自我约束，树立典范；开展"身边的党员、飘扬的旗帜""我的西财梦"，吸引更多优秀大学生向组织靠拢；开展"微型党课"评比，以支部为单位选派党员参加，针对党的路线、方针、政策，结合当前时事、热点、焦点，支部代表主讲，提高支部荣誉感和党员的理论水平。

第二，抓好学生党员"一头一尾"教育。"一头"是指新生党员培训班。新生党员提前进校，进行理想信念教育、校情校史教育，让新生们进校后接触的第一批身边的党员就是具有正面影响力的党员先锋。"一尾"是指毕业生党员离校前的"防腐预防工程"。尤其是对于经济类毕业生，是很有必要的，可避免学生进入社会后误入歧途，保护学生政治生命，助其离校后成为典范。

（七）工作队伍从业余化到专业化转变

在以教学科研工作为重心的高校，学生工作队伍尤其是党建工作队伍呈现出不稳定、非主流的特点，主要表现为人员专业性不强、流动性大的状况。当前，党务工作者建设呈现出两个特点：要么年龄大，思想传统陈旧；要么过于年轻，浮躁且原则性不强。建设一支稳定的、专兼结合的党建工作队伍，建设一支德才兼备、以德为先的学生党员自我教育和管理团队是工作队伍从业余化到专业化转变的两个重要保障。应对党务工作者定期进行培训，提升其业务水平，促使其不断学习进步。

由学校牵头，开展党务工作者沙龙，定期召集各学院、部门、中心负责建党工作的党务工作人员围绕具体一项党建工作主题展开讨论。沙龙包括主题发言和讨论，是培育党务工作人才、提升党建工作水平的创新尝试，其新颖独特的方式和较强的针对性、贴近性，让广大基层党务工作者相互取长补短，互通有无。开放互动的党建交流模式能够充分激发参与者的热情和能动性。

通过我们的探索，希望能够助推七大学生基层党组织工作的转变与提升；同时，以"90后"学生党员视角切入高校学生基层党组织建设，具有时效性和现实性；创新学生党员考核办法，做到可测量和标准化；创新学生基层党支部构架，打破传统组建模式，将专业课教师、党政领导具体到支部，充分发挥全员育人功能；提升支部凝聚力，增强支部成员自豪感和归属感，对于打造品牌党支部发挥重要作用；创新基层党组织活动载体，以"90后"学生党员需要的方式开展活动，以青年喜欢的方式感染青年党员。

参考文献

［1］孙骥，胡守强，张拥军. 高校基层党组织活动的创新与实践［J］. 学校党建与思想教育，2010（2）.

［2］朱艳. 论90后学生党员的特点及教育途径［J］. 林区教学，2014（12）.

［3］陈树根，钱香花. 基于党建工作视野下的"90后"学生工作探析［J］. 教育与职业，2012（24）.

对当代大学生分层次进行党员
发展和教育的思考

工商管理学院　　　张剑波　冷　霞

摘　要： 高校的主要职能是为中国特色社会主义建设伟大事业培养合格的人才，高校能否为社会培养出具有创新精神和实践能力的专门人才，直接关系到中国特色社会主义建设事业的成败，关系到未来的中国能否在激烈的国际竞争中屹立于世界先进民族之林。大学生，尤其是大学生党员是宝贵的人才资源，高校必须发挥党建的龙头作用，在学生中造就一批理想信念坚定、勇于担当、德智体全面发展的优秀共产党员。本文着重探讨了在高校党建工作中如何针对不同类型学生特点，构建多层次、多渠道的学生党员教育管理体系。

关键词： 分层次教育　大学生党员　入党积极分子　预备党员　正式党员

在第二十三次全国高等学校党的建设工作会议上，习近平总书记强调，高校肩负着学习研究宣传马克思主义、培养中国特色社会主义事业建设者和接班人的重大任务。而高校学生党员是大学生中的骨干分子，是全体学生行为的表率、学习的榜样，是党和国家事业的继承者。近年来，高校学生入党的意愿持续高涨，学生党员数量也逐年增长。据统计，高校每年发展大学生党员的人数超全国党员发展数 1/3，是我党的生力军。因此，做好高校学生党员的培养、发展和教育管理工作，保持学生党员的先进性，对确保中国特色社会主义事业后继有人，实现中华民族的伟大复兴具有重大而深远的意义。

现阶段，高校学生党建工作已经形成了一套较为系统的做法，也取得了一定的成效，但新时期、新形势对高校学生党员教育管理工作提出了新要求和新使命，随着时代的发展，大学生们的人生观、世界观、价值观也呈现多样性，这就要求党务工作者必须重视不同培养对象的不同特征和不同需求，更新培养理念，创新教育方法，提高对学生党员教育管理的针对性和实效性。本文把新生、入党积极分子、预备党员、正式党员、毕业生党员做为不同的培养目标，实施分层次教育管理，突出重点、按需施教，从中探索、健全和完善高校党建工作分层次教育体系，实现对大学生党员的发展、教育及培训工作的全面覆盖。①

一、抓好新生启蒙教育，夯实基础教育

高校党建工作，要从新生抓起。目前的大一新生，递交入党申请书的比例占到新生总数的80%，数量可喜。但是也要看到其背后存在的问题：一是普遍的理论修养不高，对党的认识模糊。新生从高中进入大学，对党的基本知识一知半解，理论素养不高，认识模糊，对党的性质、宗旨、纲领、指导思想和最终奋斗目标，缺乏系统性掌握。二是入党的动机呈现多元化、复杂化趋势。入党动机对于发展党员来说至关重要，入党动机是否端正，直接影响了我们党的纯洁性。大多数递交申请书的同学入党动机端正，有着为共产主义事业而奉献而奋斗的坚定信念，但是随着社会的发展，人们的价值取向日趋多元化。受社会风气的影响，部分同学的入党动机亦呈现多元化趋势，他们有的对共产主义抱有理想主义色彩；有的偏重于个人实际利益比如好就业、好拿奖学金等；有的认为入党就像必须考过英语四六级、必须拿到计算机等级证书一样，是一个"好学生"必须要完成的一件任务；有的受家庭影响，认为入了党就是有面子、有出息；有的是为了今后报考公务员和事业单位积累资格；有的是看到别的同学交了申请，认为自己不交可能会影响在辅导员心里的印象……动机不一而足，令人堪忧。但共同的一点就是，他们的意愿是没有经过理性思考的，不是出自对理想信念的坚定追求而做出的慎重选择，其态度往往也不坚定，容易人云亦云。

因此，针对大一新生，要做好高中与大学积极分子培养的衔接工作。着力做好党性启蒙工作，抓好思想政治基础教育，帮助他们树立正确的世界观、人生观、价值观；通过对党的启蒙教育，不仅要让他们全面地了解党的基本知识、党的路线方针政策，更要让他们知党、爱党、信党，从思想根源上端正入党动机，坚定对党的信仰。

一是通过先进党员树立典范。设立党员先锋岗，在新生报到时负责接待、引导和服务工作；安排优秀学生党员在一年级担任辅导员助理，使新生切实感受到党员的先进性，树立"入党光荣"的意识。

二是通过党员交流会开展教育。大一学生入学后，召开专业高年级学生党员与新生交流会。高年级学生党员为新生在学习、生活和工作等方面提供经验、提出建议，用学生党员的鲜活事例为新生上好第一堂党课。

三是结合新生入学教育进行党性启蒙。把党的基本理论知识、发展党员的标准和程序以及大学生党员的标准和要求等编入《新生党员培训手册》，结合新生入学教育，对新生进行思想政治教育，对党性进行启蒙教育。

四是举办党的知识讲座。围绕"大学生如何端正入党动机""怎样成为一名中国共产党党员""入党申请书和思想汇报等相关材料的撰写"等内容，邀请退休党员教师或党员专家教授为新生做讲座，引导他们了解党、积极向党组织靠拢，并有意识地提高思

---

① 李德煌. 构建新形势下大学生党员教育体系的思考 [J]. 科教导刊, 2013 (9)：83-84.

想政治素养，加强自身党性修养。

二、围绕教育抓培养，对发展对象进行不同形式的教育和培训

发展党员是一件严肃的工作，秉承"坚持标准、保证质量、慎重发展"的原则，对发展对象要区分需求、分别教育、严格要求、深入考察，成熟一个，发展一个。

（一）对入党积极分子进行强化教育

对入党积极分子，充分利用多种培养方式对其进行强化教育，使其迅速成长为学生骨干。

一是开拓教育阵地。充分利用教学楼、学生公寓等场所，设立"党员之家""党员园地"，开辟"积极分子活动室"，方便党组织对入党积极分子进行思想政治教育，同时也方便入党积极分子之间交流学习培训的心得体会。

二是创新教育形式。积极利用网络传播手段，构建网上党建平台，并将其作为入党积极分子学习和教育的重要手段，如创办"网上党校"，要求入党积极分子平时上网自学，在网络平台相互交流，并定期组织集中学习。

三是充分利用校园文化，形成教育合力。各级党组织要充分发挥共青团、学生会、学生社团的作用，在军训、文娱活动、比赛等各类主题教育活动中，让入党积极分子担任重要组织者，让他们参与活动策划、准备、实施、活动总结的全过程，并在活动全程中给他们交任务、压担子，抓住一切机会对其进行教育、培养和锻炼，进一步增强入党积极分子的组织观念和团队协作意识。[①]

（二）对重点发展对象进行深化教育

对进入重点发展阶段的积极分子，每年要进行 2~3 次系统的高质量集中培训，实施深化教育。

一是严肃培训纪律。在这一时期，党组织除了要对其进行严格的政治审查、个别谈话之外，还要开展为期不少于 10 学时的党校专题培训，并把培训情况作为发展党员的重要依据。

二是丰富培训内容。在这一时期，要充分尊重发展对象对掌握党的系统知识的迫切需求，满足他们想了解党内生活的热切愿望，发挥党校精神熔炉和先锋阵地的作用，把培训的重点放在树立共产主义世界观、人生观和价值观和中国特色社会主义理论体系学习等方面。同时要注重对发展对象进行成才教育，对如何将共产主义理想信念与本专业结合起来，以推动社会发展等内容进行讲解。另外，可以对他们进行心理健康教育，重

---

① 赵茜. 构建大学生入党分层教育培养体系的实践探索［J］. 中共山西省直机关党校学报，2014（3）：75-76.

视他们认知能力的发展、调适能力的提高、优秀个性品质的发展、角色行为规范的培养等工作，做到相关课程安排紧凑有序、培训内容实用丰富。

三是拓展培训方式。丰富的内容也需要配以多样的形式，才能达到更好的培训效果。充分利用课堂讲授、座谈交流、知识竞赛、实地考察、党课实践和网络教育等多种形式，对发展对象进行教育培训。

三、对预备党员进行全方位考察教育

"共产党的力量和作用，主要不在于党员的数量，而在于党员的素质。"① 做好预备党员再教育工作是党的组织发展工作中重要的一环，对预备党员的成长、确保党员质量是至关重要的。

目前，预备党员中尚存在一些问题：一是少部分预备党员尚未牢固树立党员意识、党性意识和模范意识。二是部分预备党员对预备期认识错误，认为预备期只是一个形式，只要不犯大错误，时间到了自然可以如期转正，缺乏继续追求进步的意识和动力。三是对预备期党员的教育力量相对薄弱。由于高校党建工作人手不足，组织的大部分精力都放在了对发展对象的培养考察上，导致对预备期党员的教育管理有所放松，对预备党员的进步或者退步，不能及时体察，并及时作出反馈，影响了他们追求进步的积极性。

对此，我院制定了预备党员全方位考察教育机制。通过预备党员自我考察、党组织帮助考察、群众协助考察等方式，把对预备党员的考察和教育有机结合，帮助预备党员主动查找和认真解决自身存在的问题，对症下药，加强教育。

一是制定汇报思想制度。思想汇报不仅是对预备党员的思想理论、学习动态等情况的考察，更是对其入党态度的考察。预备党员须每三个月向党组织书面汇报至少一次学习和思想动态，对自己的思想、工作和学习情况进行认真总结，自查自省存在的缺点和不足，并提出整改措施。

二是落实先进党员谈话制度。要充分发挥入党介绍人的先锋模范作用，落实谈话制度。入党介绍人每月须与预备党员进行至少一次谈话，深入了解他们的新情况、新体会、新问题、新收获，帮助预备党员查找问题、发现不足，并明确今后学习和工作的方向。

三是加强民主测评制度。民主测评是党支部的一项基本制度，是对预备党员进行管理的特殊形式；可以比较全面准确地了解预备党员的思想变化情况以及参加党内活动、履行党员义务的情况，还可以充分暴露被测评人存在的问题。我院党支部每学期会在与预备党员朝夕相处的党员和群众中，用无记名方式对预备党员进行民主评议，听取群众意见，并由专人负责填写《预备党员群众评议表》。在此基础上，支部召开支部委员会

---

① 张馨，丁贞栋.论大学生预备党员的核心素质及培养路径［J］.中共云南省委党校学报，2012（2）：88-90.

对评议表内容逐条分析研究，逐人制定培养教育计划，有针对性地帮助预备党员提高党性修养，做到思想上入党和行动上入党的统一。

四、对正式党员进行先锋教育

习总书记在第二十三次全国高等学校党的建设工作会议上曾谈到，要全面推进党的建设各项工作，有效发挥基层党组织战斗堡垒作用和共产党员先锋模范作用。由此可见，对正式党员进行先锋性教育是高校党建工作的重中之重。

教育不能光对理论进行说教，要和实践教育相结合，通过实践来磨练其先锋意识，检验其思想理论，提高其党性修养，坚定其理想信念，对正式党员进行全方位锤炼。

一是在载体活动中加强教育。通过参加各种活动，让正式党员时刻意识到自己的党员身份，促使其在思想和行为上严守党员标准，保持其先进性。学院成立了党员先锋岗服务队，上岗的党员须佩戴印有学院、班级、姓名的党员志愿者标牌，以党员的身份开展各类志愿服务，如维持秩序、疏导交通、清洁校园；扶贫助困，实施关怀工程，与班级的困难学生（经济困难，学习困难，就业困难，心理困难）结对子，签订帮扶承诺书，与帮扶对象加强交流，积极关心，了解他们的需求和困难，并在他们和老师之间积极搭建沟通渠道，帮助困难学生积极、健康、快乐地面对生活，顺利完成学业。

二是在社会实践中开展体验式教育。学院以重大节庆日、重要活动、重要节点为契机，开展形式多样的教育活动，如组织大学生党员走进养老院、孤儿院、企业、社区、农村等，开展奉献爱心、服务社会等活动，让学生党员深入了解社会、认识社会，增强社会责任感；积极为党员（尤其是研究生党员）提供校外挂职的机会，让学生党员从课堂走入基层，将课堂所学所思广泛运用于工作实际，让他们从中学会思考，学会做事，懂得做人，最终砥砺出扎实的工作作风、坚韧的党员意志和高尚的道德品质。

三是严格党内组织生活，加强日常教育。严格执行"三会一课"制度，坚持民主评议党员制度，通过组织生活会、党员双评等，引导党员积极开展批评与自我批评，对照典型、查找差距、提高素质、增强能力，接受教育、获得提高；严格党内组织生活，同时注重丰富组织生活的内容，创新组织生活的形式，把对党员的考察和先进性培养融入日常教育中。在以往，组织生活会大都是由上级组织定主题，支部书记和支部委员负责安排策划，我院则采用党小组申报活动承办权的方式，发动更多的党员参与到组织生活的策划和筹备中来，一方面调动其积极性，另一方面通过活动的组织筹备，给他们分任务、压担子，在实践中增强党员意识、提高自身素质、履行工作职责、发挥先锋模范作用，逐步实现自我教育、自我管理和自我提高的统一。

五、对毕业生党员进行标杆教育

习总书记在给中华全国青年联合会第十二届委员会全体会议的贺信中写道："前进

要奋力，干事要努力。当代青年要在感悟时代、紧跟时代中珍惜韶华，自觉按照党和人民的要求锤炼自己、提高自己，做到志存高远、德才并重、情理兼修、勇于开拓，在火热的青春中放飞人生梦想，在拼搏的青春中成就事业华章。"这是党和国家对青年的寄望，是我们广大毕业生党员扬帆起航的号角，也是我们描绘"中国梦"，投身党国事业的宣言。

如果把高校比喻为一家工厂，那么毕业生就是这家工厂的产品，毕业生党员则是优质产品。为保证每名毕业生党员都以一个良好的共产党员形象走向工作岗位，必须对他们实行标杆教育，使他们真正成为毕业生中的榜样，绝不能因为毕业生即将离校而放松对他们的教育和管理。

一是引导毕业生党员树立标杆意识。在毕业生党员中开展"树毕业生党员形象，展大学生党员风采"活动，引导毕业生党员树立正确的择业观，到农村去、到基层去、到西部去、到祖国人民最需要的地方去，做开发西部、建设新农村的志愿者，做先进文化的传承者和实践者；号召毕业生党员为母校的发展建设献计献策；组织毕业生党员开展种植"校园纪念树"活动，与低年级大学生党员进行火炬交接等。通过开展丰富多彩的活动，增强毕业生党员的责任感和使命感，使毕业生党员树立起"在学校是标杆，走上社会更是标杆"的意识。

二是面向毕业生党员开展离校教育。在毕业生党员离校前，制作发放《致毕业生党员的一封信》，毕业生党员为学校所做的贡献进行充分肯定的同时，对即将离开校园、奔赴工作岗位的毕业生党员提出要求、希望和殷切的祝福，倡导毕业生党员用实际行动站好"最后一班岗"；开展毕业生党员组织生活会，引导毕业生党员以身作则、率先垂范，用实际行动为在校大学生作表率，协助学校做好毕业前各项工作，营造和谐、文明、感恩的离校氛围，展示毕业生党员良好形象。

三是邀请毕业生党员回校"以老带新"。每年在学生毕业前，学院党支部将组织召开应、往届毕业生党员交流会，邀请省优秀毕业生党员、大学生"村官"、各级组织部选调生等优秀毕业生党员与即将离校的学生党员进行座谈，分享工作中做好本职工作、发挥先锋模范作用的经验和体会，为应届毕业生党员提供启示和借鉴。

四是办好"毕业生党校"。学院分党校每年专题培训班，邀请校内外专家或实际工作岗位中的专业人员做专题报告，对毕业生党员进行集中教育。培训着眼于坚定理想信念、增强党员意识、永葆先进性，增强毕业生党员的党性观念、廉洁意识和社会责任感，引导其自觉将人生价值追求同国家发展社会进步人民利益联系起来，在新的岗位上继续发挥先锋模范作用。

综上所述，只有以增强党性、提高素质为重点，针对不同类型学生特点进行分层次教育培养，才能真正做到因材施教，满足各类学生的培养需求，从而使学生党员的培养、考察、发展和教育管理环环相扣，不偏不废，确保为我党大业输送信念坚定、理想崇高、专业精通的高素质创新型青年人才。希望我们培养出的毕业生党员，能如习总书记所寄望的那样：同人民一道拼搏，同祖国一道前进，到人民中去建功立业，让青春之花绽放在祖国最需要的地方，在实现中国梦的伟大实践中书写别样精彩的人生。①

参考文献

[1] 李德煌. 构建新形势下大学生党员教育体系的思考 [J]. 科教导刊, 2013 (9)：83-84.

[2] 赵茜. 构建大学生入党分层教育培养体系的实践探索 [J]. 中共山西省直机关党校学报, 2014 (3)：75-76.

[3] 张馨, 丁贞栋. 论大学生预备党员的核心素质及培养路径 [J]. 中共云南省委党校学报, 2012 (2)：88-90.

[4] 习近平. 习近平给河北保定学院西部支教毕业生群体代表回信 [J]. 中国大学生就业（综合版）, 2014 (6)：4.

---

① 习近平给河北保定学院西部支教毕业生群体代表回信 [J] 中国大学生就业（综合版）, 2014 (6)：4.

第二章
思政篇章

网络在大学生思想政治教育中的应用与发展

工商管理学院　　陈　楠

摘　要： 在当前信息大爆炸的时代环境下，如何对大学生进行合理有效的引导，使大学生树立正确的社会主义核心价值观成了当前大学思想政治教育的核心问题。网络传播的高速度、高时效为思政教育资源的获取带来了极大的便利，同时开拓了思政教育工作新的视野，但是网络对大学生产生的负面影响也给思政教育工作带来了新的挑战。本文从思政教育对象的主客体关系探讨出发，结合当前网络教育的现状，剖析其问题和特点，结合教学实践提出一些构建大学网络思政教育体系的建议。

关键词： 思政教育　网络平台

习近平总书记在第二十三次全国高等学校党的建设工作会议上做出重要指示：办好中国特色社会主义大学，要坚持立德树人，把培育和践行社会主义核心价值观融入教书育人全过程；要强化思想引领，牢牢把握高校意识形态工作领导权。① 那么，在当今新媒体兴盛下，高校意识形态的引领工作需要在新形势下寻找新方法和新机制。

近几年，随着经济的迅速发展，"功利主义""享乐主义"等一些低俗的思想在社会上迅速蔓延，由此引发的腐败、责任感缺失等行为已经严重阻碍了社会的继续发展，解决这一思想问题已经到了刻不容缓的地步。大学生在当前社会缺乏社会主义核心价值观的大背景下难免不受其影响。但作为祖国未来的接班人，受过高等教育的知识分子，一旦思想防线被攻破，树立了不正确的价值观，对社会的发展是极具破坏力的。所以，对大学生进行有效的引导教育是必须的，绝不能敷衍了事。古人曾说过"修身齐家治国平天下"，可见只有先树立了良好的思想素质，才会成为一个对社会有用的人。

大学生的教育要考虑到当下大学生的生活学习方式，特别是网络的出现已经深深地改变了大学生获取信息的方式。这不仅仅是一个工具了，网络在大学生中已经成为了一种新的普遍的生活学习方式。网络传播的高速度、高时效为思政教育资源的获取带来了极大的便利，同时开拓了思政教育工作新的视野，但是网络对大学生产生的负面影响也给思政教育工作带来了新的挑战。互联网时代背景下的高校师生更具话语权，这就要求高校思政教育工作更具创新性与适应性。如何更好地利用新媒体时代下的网络工具，做

---

① 习近平. 坚持立德树人思想引领，加强改进高校党建工作 ［N］. 新华网，2014-12-29.

好大学生网络思想政治教育工作，成为摆在我们面前的一个重要课题。

大学网络思想政治教育这一概念最早是由学者刘梅于 2000 年提出的。高校思政教育工作已被互联网置于一个价值多元、完全开放的环境之中，网络环境下高校思政教育有着新机遇，网络提供了丰富优化教育资源的可能性，奠定了创新完善教育方式的基础。① 但同时也有学者认为：高校网络思政教育面对的挑战主要体现在对网络思政教育的定位和认识不够精准；思政教育主题网站存在内容和形式无法吸引眼球，投入还不到位的问题。② 面对大学网络思想政治教育出现的挑战和问题，学者们也探讨和研究了相应的解决措施，如汪晓莺（2006）提出要契合思政教育的有关特点与规律，在整合网络资源的前提下，探析网络思想政治教育的内容、方法及途径。③ 而谭福强（2008）则重点从建立和健全网络思政教育体制、完善网络思政教育工作队伍、建构网络系统管理制度体系三个大方面谈了构建高校网络思政教育体系的途径。④ 综合我国高校网络思政教育研究的现状，可以发现我国的网络思政教育工作已有一定的进展，但在理论探索上远远不足，体现为对高校网络思政教育的系统阐述仍然不多并且不够深入，具备构建完整体系的一定基础，但具体的实践还任重道远。

一、大学网络思想政治教育的主客体及其特征

（一）大学网络思想政治教育的内涵

学术界对于大学网络思想政治教育内涵主要有以下两种观点：从广义上思考，网络思政教育既包括网上的思政教育，又包括网下针对网络影响进行的思政教育。它不仅指网络的思政教育，还指思政教育的网络化。从狭义上看，网络思政教育重点在于培育适应网络信息和社会进步所需的具有优良思想理念、道德标准、政治观念、媒介素养的社会主义新人，通过网络载体在虚拟的网络时空中进行的有计划、有组织、双向互动的思政教育实践活动。⑤ 本文结合前人关于网络思政教育的观点，认为大学网络思政教育是高校有效利用网络等新媒体的优势及特点，结合大学生实际情况及时代特点，将符合社会主流价值观和国家积极倡导的思想观念、政治观点、道德规范，有计划、有规律地传递给大学生，影响大学生，使其形成符合一定社会所要求所接受的思想品德的教育方式。在网络时代背景下，思想政治教育工作的新形式和新方法使思想政治理论传播和思想意识形态引领进入了全新的领域。

（二）网络思想政治教育的主客体

主体和客体是相对的，是教育领域内的基本概念之一，两者的关系问题是建立教育

① 陈莉蓉. 网络环境下高校思想政治教育探析 [J]. 山西高校学校社会科学学报，2012（12）.
② 丁振国，杨玲玲. 论高校网络思想政治教育的创新途径 [J]. 学校党建与思想教育，2008（5）.
③ 汪晓莺. 论大学生网络思想政治教育体系的构建 [J]. 学术论坛，2006（12）.
④ 谭福强，李红. 论高校网络思想政治教育体系构建 [J]. 三峡大学学报，2008（5）.
⑤ 韦吉锋. 关于网络思想政治教育界定的科学审视 [J]. 学校党建与思想政治教育，2003（2）.

理论的基础。与其他学科不同，思想教育没有完全固定的理论模式。与简单的知识教育相比，以人的价值教育为主要形式的思想教育明显具有人的主体性质。所以，正确了解并掌握主客体之间的关系问题，对于把握网络思想政治教育的规律具有重大意义。网络作为现当代具有代表性的科技力量，作为现代人的一种全新的生活方式，充分诠释了其现代意义，并对人的交流沟通方式、思维逻辑方式和道德价值观念产生了重大影响。在自由开放的网络平台里，人的行为活动方式、生活环境和精神道德世界和过去对比，明显有了质的飞跃。因此，网络思想政治教育作为一种与时俱进的价值教育方式，绝对不是简单的替换并发展传统的思想教育，而是在教育形式与方法途径上，利用全新的生活方式、全新的物质生活世界和全新的精神生活世界去诠释并发展。把握好网络思想政治教育主客体的关系，是网络思想政治教育理论付诸实践的基础和动力。

（三）网络思想政治教育主客体的特征

1. 教育主体的"去主体化"

教育主体是思想教育的发起者、实践者和承担者。这是从思想教育的体系来阐述的，目的是突显出教育主体的地位和作用。从一般意义上来说，思想教育主体的最本质特点是具有主体性。这表现为主动性、主导性、创造性和前瞻性四个方面。主体性是思想教育活动可能性的前提和基础，有了它，思想教育活动者才能成为本质意义上的主体。但是，作为一种网络化的价值观教育方式，网络思想政治教育活动与传统思想教育活动有着重大的区别。最具代表性的差别就是网络思想政治教育主体的"去主体化"，即在网络环境中，思想教育的发起者、实践者和承担者在开展教育活动中具有主动性、主导性、支配性和控制性，在网络介体中受到前所未有的冲击与挑战。在网络开放这个大环境下，信息资源具有开放性、完整性和共享性，这就弱化了教育主体的权威。在传统的思想教育活动中，环境是相对封闭的，教育主体对信息资源有很大的控制与支配权，教育者可以选择教育内容，可以根据教育目标制定教育计划。而在网络环境下，所有人都有平等的机会去获取信息资源，这就让教育者很难对信息进行过滤和筛选，往往增加了教育者的工作难度。如果教育主体的信息资讯很难被网络群体接受，哪怕教育过程被设计得多么丰富而精致，也会失去教育意义，教育的主体性也就很难实现。

2. 教育客体的"主体化"

思想教育是完整的对象活动，那么相对于活动的发起者、组织者和实施者的教育主体，教育客体则是该项活动的参与者、接受者和被实施者。但这并不表示教育客体没有主动性，他们在接受教育时是主动的，甚至是完全主动。在网络思想政治教育活动中，教育客体对教育活动作用的发挥起着决定性影响。网络的双向性和去中心化使网络思想政治教育的客体即受众群体相较于传统思想教育活动更具主导权。在众多开放的信息中，受众可以根据自己的知识水平和需求对信息资源进行选择性接收。而教育的目的是让受众接受施教者的观点，使施教者成为主体，由此受众成为客体。网络思想政治教育的受众群体在教育过程中的"主体化"和教育主体的"去主体化"，使得教育主、客体相对平等。同时，网络信息的开放性、大量性和全面性大大增加了教育客体自我学习、自我进步、自我完善的机会。由此可见，网络思想政治教育的主、客体之间关系的相对性比传统思想教育活动明显得多。

二、高校网络思想政治教育的必要性及现状

(一) 高校网络思想政治教育的必要性

目前，我国的网络思想政治教育已经得到较大发展，并形成了一个相对完整的教育体系，主要表现在以下方面：第一，越来越完善的网络为有效地推广思想政治教育活动奠定了坚实的基础。互联网的普及在无形中强化了以教育和服务为宗旨的网络教育活动。第二，日益壮大的网络思想政治教育队伍为思想教育提供了人才保障。第三，网络技术的快速发展为不断深化网络思想政治建设提供了可能性。但应该看到，由于地区实际情况的差异，我国高校网络思想政治教育虽然已经过十多年的发展，在教育体系不断完善、教育成果不断丰富的同时，仍然存在着许多问题和缺陷。

(二) 高校网络思想政治教育的现状

1. 高校对于网络思想政治教育的认识和定位不够准确

网络思想政治教育是当前高校德育工作的一个重要组成部分，实际上就是在网络不断发展，不断对学生产生更大影响的情况下，对传统的思想政治教育在教育方式和手段上的改变。然而，对于这样一种教育方式，尚有一些高校缺乏重视，无法准确认识和定位网络思想政治教育。其主要体现在以下几个方面。

(1) 支持性政策不足。教育部在出台《教育部关于加强高等学校思想政治教育进网络工作的若干意见》后，未能对高校网络思政教育的具体开展出台更多更具专业性指导的文件，政策制定相对落后，无法适应快速发展的网络时代，无法及时跟进和把握网络对大学生日益增强的影响力。

(2) 主题网站建设不够。由于高校思政教育工作者对网络特征和网络思政教育实质缺乏足够的认识和相应的理论及技术上的储备支撑，对网络教育的本质性传播创新把握不够，仍然依靠传统的教育经验，工作方法单一，还停留在对基本知识的宣传以及新闻报道的层面上，没有充分发挥出网络的优势。同时，缺乏与学生学习、生活、兴趣爱好、个人规划等方面的衔接，无法引起学生思想上的共鸣。

(3) 教育主体重视不足。一方面，部分学校缺乏对该项工作的支持，没有明确的工作量的规定以及绩效考核办法，影响了思政工作者对于网络思想政治教育的积极性；另一方面，这些工作者本身对于网络思想政治教育的重要性认识不足。

2. 网络思想政治教育基础理论研究不够完善

在信息网络快速发展的今天，高校网络思政教育仅仅得到社会的广泛关注是不够的，相关的研究理论也只是停留在表象上，还需要进一步的深入挖掘和完善。目前网络思想政治教育基础理论研究存在着缺乏科学化、整体化、相关学科关联化的问题，没有真正掌握网络媒介的深层次发展内涵，没有真正揭示网络在思想政治教育中的运作机制，缺乏整体把握，使网络思想政治教育研究处于孤立化、片面化和相对滞后化。由于

缺乏理论的深度引导，高校网络思政教育的实践效果并不是很理想，存在内容陈旧狭窄、方法单一落后等问题，教育目的未得到充分的实现。

3. 当前高校的网络思想政治教育队伍不够健全，综合型人才比较缺乏

加强网络思政教育的关键还在于实施这项工作的人员的素质，但目前高校网络思想政治教育队伍的建设情况与网络的快速发展要求还有很大差距。当前，高校的思想政治教育工作队伍中，既具备网络运用能力又具备高校思政教育水平的综合型人才较为缺乏。思想政治教育与网络应用之间的矛盾如果得不到有效解决，将会大大减缓高校网络思政教育建设的进程。虽然许多高校已经认识到人才队伍建设对网络思政教育工作的重要性和必要性，通过提高思政教育工作者的网络应用能力，选拔兼具网络应用能力的思想政治教育实践经验丰富的人员到实施教育活动的一线队伍中去等途径来改善高校网络思政队伍，然而对于如何获取综合性人才并对他们进行长期有效的培养和激励，很多高校仍缺乏一套完善的制度机制。

四、优化网络思想政治教育方法的途径

随着时代的发展和网络的普及，本身作为媒介的网络已经在人们的日常生活中凸显出非常重要的作用。通过网络进行思想教育可以让我们打破诸多限制。通过网络技术，任何人可以实现在任何时间、任何地点谈论自己想要了解的话题并进行思想交流。各种资料信息都可以跨越时间空间的限制，使得求知者不必非得在特定的时空条件下进行学习交流，使得校园式的固定教育逐渐演变为辐射更为广泛的网路思想教育。通过网络，能够使全民参与讨论学习，得到更加开放的思维和对同一问题的不同看法。虽然网络思想政治教育已经浮出水面，但对于网络思想政治教育的普及及推广，我们还可以采取一些优化对策。

（一）合理引导传统思想教育向网络思想政治教育过渡

在全民网络时代，要想引导网络思想政治教育是相对简单的，但是引导过程中存在的问题也比比皆是。传统教师对于网络思想政治教育并不认同，他们认为思想教育是相对严肃的事情，倘若在网络上进行，得不到应有的重视，效果可能背向而驰。此外，网络相对开放的特性使得不利于思想进步的评论四处传播，对正方向的思想教育造成了负面影响抨击。国家、政府和学校应该合理引导传统思想教育向网络思想政治教育的过渡，做好网络思想政治教育方面的宣传活动，凸显出网络思想政治教育的优点，让大家了解并接受网络思想政治教育。

（二）充分利用网络构建网络思想政治教育交互平台

自从我国正式加入因特网后，许多部门、学校开始构建自己的网络体系，思想教育方面的网站当然也包含其中。然而新时代对于网络思想政治教育提出了更高的要求，优化网络思想政治教育迫在眉睫。所以，应该充分利用网络构建网络思想政治教育交互平

台，提高教育力度，具体可以通过以下几个方面进行。

（1）采用各种网络技术手段实施教育，如建立部门、校园网站，在贴吧、微博、论坛、微信、博客等交流平台建立思想教育主题网页，设立留言板，使得爱好各类软件的人都能够加入思想教育的讨论，人人参与学习，人人参与讨论，使得思想教育的影响更大，得到更多的思想交流及讨论。

（2）对于特殊人群如孤僻、内向、不愿交流的人，可以建立思想教育聊天室，或者通过电子邮件进行思想交流及引导。这类人不喜讨论，但是对于问题的理解比较极端，应该对其进行特别教育，使其形成正确的人生观、价值观。

（3）思想教育讨论空间可以采用特殊字体、表情等，以吸引人们参与讨论，同时采取登录积分制、评论打分制、讨论发言率等形式进行评比，从各个方面鼓励大家参与讨论和学习。

（三）健全网络管理体制

网络是一把双刃剑，有利亦有弊。在网络思想政治教育过程，网络的后台管理相当重要。其中不乏黑客的攻击或是消极评论等对教育的抨击，使得网络思想政治教育倒置。那么健全网络管理体制就非常重要了，我们需要做到以下几个方面。

（1）做好网站建设及管理。在各类应用软件上建立思想教育网页是首要任务，但网络工程师必须时常进行网络维护，防止网络故障或其他恶意损害。此外，应过滤掉会对思想教育产生负作用的消极言论，以免传播开来影响受教育者。

（2）建立思想教育反馈系统。思想教育活动并不是过程活动，其活动的结果才是重要的，应该对每次的思想活动做出总结。网络的开放性使得很难对教育结果进行总结，设立教育反馈系统可以很好地收集教育中存在的问题，扩大教育的影响力度，并使得教育者对日后应采取的教育手段做出快速反应。

（3）形成自我管理团队。在受教育群体中，对于经常参与学习讨论并能够带领大家正向发展的成员，可以使之成为领导，将其作为网络思想政治教育管理体系的一部分，让其不仅充当受教育者的角色，同时充当教育引导者的角色。这样的自我管理方式往往会促进网络思想政治教育朝好的方向发展，并使受教育者能够自主学习、自主管理。

（四）深度挖掘当代大学生感兴趣的热点话题，以此引入思想教育

思想教育是较难进行的一项课程，大部分人都对思想教育比较反感，讨厌这种说教方式。即使是网络教育，也同样会受到嫌弃。因此，应该深度挖掘大学生感兴趣的热点话题，以此引入思想教育，将思想教育渗透到话题讨论，在不知不觉中让受教育者参与到思想教育活动中。

（1）寻找并熟悉当前社会较流行的话语体系。人们往往对于新鲜事物或者流行元素比较感兴趣，倘若了解当前社会流行的话语体系，并用该话语体系描述一个现象或事件，这样势必吸引大家的注意力。通过这种方式，比较容易引导大学生参与思想讨论。

（2）从当前最火、最受关注的焦点话题中寻找思想教育点。当代人大多数都会关

注时事热点，寻找当前最火、最受关注的焦点话题算是比较简单的，然而要想办法，从这些话题中找出受欢迎的思想教育点就没那么简单了。思想教育者应在网络教育中引入热点话题，以此作为教育切入点，会起到意想不到的效果。

优化网络思想政治教育的方法和途径还有很多，以上仅仅是优化网络思想政治教育的一部分。为了更好地发展与传播网络思想政治教育，需要网络思想政治教育者更深入的挖掘、网络工程师对于网站更诱人的设计，以及受教育者更为广泛的传播。

四、结论

目前，社会和高校逐渐认识到高校网络思政教育的重要性。我们应当认识到，在网络技术高速发展、网络应用不断进步的今天，推进网络思想政治教育建设的时代意义。应该进一步完善网络思政教育体系，探索新的工作方法和工作途径，使网络技术深入贴合思政教育工作，成为思政教育工作的重要补充部分，努力培养更多更具相关专业理论和实践能力的高素质综合人才。网络思想政治教育是时代的产物，涉及大范围、多学科的高校网络思政教育理论及实践研究是一个值得研究者长期、全面、系统、深刻地研究的课题。随着人们认识的深入，继承并发展当前的网络思想政治教育，取其精华，去其糟粕，与时俱进，网络思想政治教育的形式和内容都将到巨大的发展。

参考文献

[1] 樊婷. 论高校网络思想政治教育的创新途径 [J]. 中国科教创新导刊, 2014 (10).

[2] 李红革. 论网络思想政治教育主客体关系的转化及其策略 [J]. 重庆大学学报, 2013 (3).

[3] 林鉴军, 杨琴. 网络背景下研究生思想政治教育体系研究 [J]. 四川理工学院学报, 2011 (4).

[4] 苏丽. 网络时代高校思想政治教育主客体的融合 [J]. 教育与职业, 2013 (2).

[5] 于欣. 近年来思想政治教育主客体关系研究述评 [J]. 求实, 2012 (1).

[6] 习近平. 坚持立德树人思想引领, 加强改进高校党建工作 [N]. 新华网, 2014-12-29.

[7] 中共北京大学委员会. 善用新媒体 打造新平台 [J]. 求是, 2014 (17).

[8] 陈莉蓉. 网络环境下高校思想政治教育探析 [J]. 山西高校学校社会科学学报, 2012 (12).

[9] 丁振国, 杨玲玲. 论高校网络思想政治教育的创新途径 [J]. 学校党建与思想教育, 2008 (5).

[10] 汪晓莺. 论大学生网络思想政治教育体系的构建 [J]. 学术论坛, 2006 (12).

[11] 谭福强, 李红. 论高校网络思想政治教育体系构建 [J]. 三峡大学学报, 2008 (5).

[12] 韦吉锋. 关于网络思想政治教育界定的科学审视 [J]. 学校党建与思想政治教育, 2003 (2).

以建设服务型学生党支部为抓手
加强思想政治工作

会计学院　　覃　莹

摘　要：党的基层组织是党全部工作和战斗力的基础，高校承担着培养社会主义合格建设者和可靠接班人的历史重任，加强高校基层党组织建设具有重大意义和现实紧迫性。作为直接服务于青年学生的学生党支部，要在重点把握服务对象、服务目标、服务重点等关键环节上解决突出问题，从推优入党、结对帮扶、理论学习和建立党员成长档案等方面进行探索和实践

关键词：服务型党组织　高校学生党支部　服务型功能

党的"十八大"报告指出："以服务群众，做群众工作为主要任务，加强基层服务型党组织建设。"习近平总书记在全国组织工作会议上强调："党的'十八大'提出了加强基层服务型党组织建设的重大任务。当前和今后一个时期，要以此来指导党的基层组织建设。"这一重要论述，明确了抓基层的鲜明导向，确立了坚持政治功能与服务功能相统一，坚持分类施策与整体推进相结合的整体原则，进一步强化了密切联系群众的行动指向。

一、服务型学生党支部建设的重大意义与现实紧迫性

（一）加强基层服务型党组织建设的必然要求

建设基层服务型党组织，是建设学习型、服务型、创新型马克思主义执政党的基础工程，对于密切党同人民群众的血肉联系、提高党的执政能力、夯实党的执政基础，具有重要意义。

第一，建设基层服务型党组织是永葆党的先进性和纯洁性的必然要求。党的"十八大"报告明确指出了我们党面临的"四大考验"和"四大危险"，经受考验、化解危险，最根本的是要加强党的自身建设，始终保持党的先进性和纯洁性。加强基层组织建设是保持党的先进性和纯洁性的基础性工程。因此，把加强基层服务型党组织建设作为

基层组织建设的总抓手，推动基层党组织在植根群众、服务群众中增强自我净化、自我完善、自我革新、自我提高能力，始终保持生机活力，始终保持先进性和纯洁性。

第二，建立基层服务型党组织是保证"四个全面"战略目标实现的必然要求。"四个全面"战略布局符合我国现阶段实际：全面建成小康社会是目标统领，全面深化改革与全面推进依法治国是相辅相成的两翼，全面从严治党是根本保证。全面从严治党任务落实到基层组织，就是要转变工作方式、改进工作作风，把服务作为自觉追求和基本职责，寓领导和管理于服务之中，通过服务贴近群众、团结群众、引导群众、赢得群众。只有推动基层党组织在强化服务中更好地发挥领导核心和政治核心作用，才能确保改革在转型升级中稳步推进。

第三，建立基层服务型党组织是政党管理理念变革的必然要求。党的"十八大"提出"治理"的理念，从"管理"到"治理"有内在的变化：一方面是主体多元化，另一方面是运行机制的变化。"管"的运行机制强调的是从上到下的运行机制；"治"的运行机制，在"管"的同时，增强从下到上的运行机制。这种变化需要我们在执政理念、机制、体制、方法，甚至一些内容上，都要做相应的调整。党的基层组织是党全部工作和战斗力的基础，是团结带领群众贯彻党的理论和路线方针政策、落实党的任务的战斗堡垒，需要在推动发展、服务群众、凝聚人心、促进和谐中发挥定海神针的功能。

（二）加强服务型学生党支部建设的时代要求

高校作为培养青年学生的重要园地，承担着引导学生扣好人生第一颗扣子的重任。伴随网络的普及、外界环境的变化，学生党支部建设呈现出一些新特征，强化其服务功能变得更为紧迫。

一是学生党支部职能定位的转变与学生民主意识的增强一脉相承。从整体上看，"致天下之治者在人才，成天下之才者在教化"，面对各种思潮在高校交汇，如何积极把党的政治优势、组织优势深化为服务优势，增加对学生的思想引领，成为学生党支部建设亟待解决的关键问题。从学生党支部来看，党员发展及管理的更加严格，使得党员发展不再是学生党支部最重要的功能，而对党员的管理及发挥党员对群众的带动和引领变得更为重要。特别是伴随着学生民主权力参与学校管理的加深，改革参与的力度越来越大，使得服务功能变得更为重要。

二是学生党支部构成群体特征的转变与学生"三自"能力提升一脉相承。随着时代发展和社会进步，学生的民主、平等和权利意识不断增强，这给基层学生党支部的各项工作提出了更高的要求。学生工作是高校日常工作的重要内容，服务型基层党组织要从服务学生发展做起，创新学生党员的教育和管理方式，贯彻以人为本、服务至上的教育理念，把党员教育和管理与人才培养相结合，采取有效措施加强大学生党员"三自"能力的提升，在管理中提升服务，在服务中加强管理。

三是学生党支部活动开展方式的转变与传统和现代的交互一脉相承。服务载体的选择，需要在传统和新锐之间进行紧密结合。寓领导和管理于服务之中，用学生喜闻乐见的方式进行交流，把思想引领的功能通过调频互动来加以实现，避免出现"融不进学生团队、说不来学生话语、走不进学生心灵"的情况。我们要思考，在传统方法手段效用日益减弱，而新的、生动活泼的、行之有效的方法还没真正诞生之前，如何激发基层保持服务学生的持久内生动力源泉，并形成长效机制和制度，是一个迫切需要面对和解决的重大问题，而服务型学生党支部建设正好契合当前的需求。同时，伴随我国高等教育综合改革的推进，学校改革进入攻坚期和"深水区"，许多改革发展稳定举措直接关系师生切身利益。学生党支部如何围绕在助力学生成长、引领学生成才等方面搞好服务，把解决思想问题与解决实际问题结合起来，搭建学生成长发展平台，引导广大学生在成为"普适性人才"的同时，强化对中国特色社会主义共同理想的认同，增强道路自信、理论自信和制度自信，这是摆在我们面前的紧迫任务。学生党支部建设必须充分认识加强服务型党组织建设的重要性和紧迫性，用服务意识来引领学生党建工作，推动党支部在强化服务中更好地发挥领导核心和政治核心作用，使党的执政基础植根于人民群众之中，内化到青年学生心中。

二、服务型学生党支部建设的关键环节与突出难点

建设服务型学生党支部，需要回答谁来服务、服务什么、怎样服务、服务要达到的效果，以及如何提升服务意识、拓展服务领域、提高服务水平、改进服务方式、完善服务制度等关键问题。服务型学生党支部建设要以服务学生、做学生工作为主要任务，以改革创新为动力，以学生满意为根本标准，围绕中心、服务大局，分类指导、统筹兼顾，坚持以问题为导向、以创新促突破、以落实抓推进，坚持重视学生、关心学生、支持学生，大力推进学生党支部强化服务功能，改进服务作风、提高服务能力、完善服务保障，着力推动工作重心向服务转移、工作方式向服务转变，实现领导变服务，促使学生党支部建设转型升级。围绕中央提出的"三服务""六有"目标的整体安排，从服务型学生党支部建设的实际出发，根据学生党支部的职能定位、不同特点及工作基础，重点需要把握好以下几个方面的问题。

（一）服务对象的确定

建设服务型学生党支部，必须回答服务型党支部"是什么"和"服务什么"的问题。根据中央关于建设基层服务型党组织要坚持"服务改革、服务发展、服务民生、服务群众、服务党员"的总体要求，在总结了一些高校的初步实践后，我们认为，服务型学生党支部就是要秉承党的宗旨和执政理念，把服务作为工作载体，重点做到"三服务"，即坚持服务改革、服务群众、服务党员。一是服务改革，就是贯彻落实中央关于全面深化改革的重大决策部署和学校进一步深化改革的实施意见，发挥党支部的主渠道功能，做好宣传引导，统一思想工作，组织动员广大党员和师生理解改革、支持改革、参与改革，团结凝聚改革发展的力量。二是服务群众，就是充分发挥党支部战斗堡垒作用，做好沟通协调的桥梁，既认真倾听支部所在群体学生的意见，维护学生利益，按照学生的需求和意愿提供服务，又充分运用民主协商、耐心说服和典型示范等方法教育引

导学生。毛泽东同志指出："只有领导骨干的积极性，而无广大群众的积极性相结合，便将成为少数人的空忙。"学生党支部要善于依靠服务载体延伸服务触角，以党支部为点，带动服务载体这个面，逐步形成以基层学生党支部为核心，辐射带动周边学生共同进步的圆周。三是服务党员，就是要通过从思想、工作、生活上关心党员，激发党员服务师生内在动力，充分发挥党员的先锋模范作用，进而通过先进带动先进，切实增强党员的归属感、光荣感、责任感。

（二）服务目标的达成

建设基层服务型党组织，要达到"六有"目标，服务型学生党支部同样需要达到。一要有坚强有力的领导班子。服务意识强、服务作风好、服务水平高是衡量支委队伍战斗力的重要指标。二要有本领过硬的骨干队伍。带头服务、带领服务、带动服务是对党员骨干队伍的具体要求。三要有功能实用的服务场所。充分利用学院分党委建立党员学习室的契机，把便捷服务、便利活动、便于议事作为基本要求。四要有形式多样的服务载体。增强支部生活的丰富性，以贴近基层、贴近实际、贴近学生为基本导向。五要有健全完善的制度机制，加强基础工作建设，以规范化、常态化、长效化为目标抓实抓细。六要有学生满意的服务业绩，把受学生欢迎、学生受益、学生认可作为衡量服务效度的观测点。总的来说，通过努力，使学生党支部通过增强服务意识、提高服务能力，达到服务成效明显提升的目标。

（三）服务重点的把握

牢牢把握建设服务型学生党支部的总体要求，全面履行党章赋予的职责，自觉按照民主集中制原则办事，找准开展服务、发挥作用的着力点，不断提升服务水平。一是强化服务功能。培养中国特色社会主义事业合格建设者和可靠接班人。这是建设服务型学生党支部的终极目标，在各类活动开展、制度设计等方面，都要围绕立德树人根本任务展开。二是健全组织体系。从纵向看，构建"四级"服务体系。建设学校党建工作指导站、院分党委、院党建服务站、学生党支部四级纵向延伸覆盖的服务体系，四级服务组织要建立定期信息沟通机制，研究解决自身建设和学生党支部上报的学生事项，形成学生事项收集、梳理、解决和反馈的闭合回路，确保学生意愿及思想动态准确掌握、学生诉求快速回应、学生困难及时解决。从横向看，建立党员发展、党员服务、党员提升的一系列工作规范，在推优入党、积极分子培养、党员再教育等方面着手，确保服务型学生党支部的服务属性。三是建设骨干队伍。一方面是要在队伍建设上下工夫，打造一支理念先进服务能力突出的队伍。俗话说"火车开得快，全靠车头带"。选优配强党支部书记是关键，可借鉴兼职辅导员的做法，实施兼职党支部书记制度，加强学生党支部书记教育培训和监督管理，引导他们提高为学生服务本领，强化廉洁履职意识。另一方面是培养本领过硬的骨干队伍。旗帜高高飘扬，精英在旗帜下奔跑。通过强化组织认同，增强党员先锋模范作用，通过辐射带动，始终保持先进性和纯洁性。四是创新服务载体。深刻认识新形势下网络阵地的重要性，根据青年学习思想状况，有针对性地选择不同方式进行服务，在巩固原有工作成果、拓宽网络阵地的基础上，充分利用校园群落特质开展服务，切实增强服务效果。五是构建服务格局。全面把握新时期党员流动的规律，将临时党支部建立在科研团队、教学团队、实习实训基地等。通过推行党建带团建、党建带社团等方式服务新群体，打造党建工作品牌，逐步构建横向到边、纵向到底的学生党支部服务网络，探索学生党支部建设的新模式。

（四）突出问题的解决

结合文献梳理的综合分析，针对学生党支部的实际情况，找准需要解决的突出问题，主要包括以下方面：一要重点解决服务理念表层化的问题。要强化学生党支部的政治功能与服务功能相结合，瞄准服务目标，找准服务载体，把准服务对象心理特征，寓引领和管理于服务之中。二要重点解决学生党支部书记能力平衡化的问题。要按照中央提出的"像抓学科带头人那样抓基层党务干部队伍建设，使他们成为党务和业务都强的基层组织带头人"的要求，重点加强支部书记人选的考核和培训，解决部分党支部书记遇到深层次问题时，政治敏锐性不强、大局意识不牢，不愿管、不会管、不敢管的现象。三要重点解决学生党支部建设资源保障和考核虚化的问题。在资源保障方面，要做好活动场所的提供与氛围的营造；在考核方面，要建立基层党务工作者激励机制，解决支部建设"干多干少一个样"的问题，做到支部建设成效心中有数，做到及时干预改进。四要重点解决党员身份隐形化的问题。有的党支部对发展学生党员把关不严，将党员发展与学业成绩划等号，甚至出现以学业成绩排名作为推优入党的先决条件；有的党支部对学生党员教育培养不够系统规范，对党员的思想动态关注不足，对入党后教育培训抓得不够；有的党支部对部分的党员放松了要求，严重损害了学生党支部的良好形象，对此要及时加以干预，同时加强"党员亮剑行动"的开展。五要重点解决党支部理论学习表面化的问题。政治上的清醒来源于理论上的坚定，在实际的理论学习中，部分党支部对党的方针政策、政治理论与时事政策存在读一遍就完成任务的情况，甚至以专业知识学习取替党的理论学习。六要重点解决党支部活动娱乐化问题。学生党支部活动的开展主要是为党员与党员、党员与群众搭建一个互助交流的平台，达到增强交流、提升素质的目的，使党员更好地服务于党、服务于群众。但在运行过程中，部分党支部将组织活动简单为娱乐活动，如打牌、下棋等，虽有交流却无思想提升。七要重点解决党员发展简单化的问题。党员发展为党支部带来新的活力，只有通过严格的党员发展程序才能保证党员的质量。但是在一些党支部的党员发展过程中，更多注重学习成绩，忽略政治理论水平和信念追求。八要重点解决党员典型带动弱化的问题。在现有的评奖评先体系中，党员的先锋模范作用并没有得到完全的彰显，要在时时处处突出党员的先锋模范作用，要主动挖掘先进分子中的党员代表，增强组织认同，发挥带动作用。

三、服务型学生党支部建设的探索与实践

在坚持什么问题突出就着重解决什么问题、什么问题紧迫就抓紧解决什么问题的基础上，针对分析存在的问题，在总结实践经验的基础上，提出从党员发展、党员教育、

结对帮扶、理论学习、成长档案、志愿服务等方面强化服务功能、创新服务载体、丰富服务内容、增强服务意识、创新服务格局，以重点难点问题的突破带动服务型学生党支部建设整体水平不断提升。

（一）端口前移，优化推优入党流程，不断强化服务功能

学生党员是学生中的骨干分子，学生党员队伍建设是高校党的建设的基础工程。在党员发展过程中，一是要始终把政治标准放在首位。按照党章规定，着重看发展对象是否具有坚定的理想信念和积极向党组织靠拢的决心，是否在学习和生活中发挥先锋模范作用，积极主动地为同学们服务。结合高校学生特点，从思想政治、群众基础、汇报思想和服务意识等方面进一步明确学生党员具体标准，为想要入党的同学指明方向，防止把学习成绩作为发展党员的主要条件。二是要严格发展程序和纪律，坚持成熟一个，发展一个。对入党积极分子的推荐确定、培养教育，发展对象的政治审查、公示，预备党员的接收、教育、考察、公示和转正等每一个环节，都要严格程序、严格把关。在具体实施过程中，尝试使用预备党员信息采集模板，效果明显。采集模板的主要信息包括姓名、入党申请书、评为积极分子时间、上党校时间、思想汇报、是否为学生干部、主要事迹、群众基础等。这种列台账的方式有效地优化了推优入党流程，提高了党员发展的质量。

（二）围绕中心，开展结对帮扶活动，不断创新服务载体

建设服务型学生党支部，要坚持把创新服务载体作为重中之重，增强党员与群众之间的双向互动，不断提高服务的针对性和实效性。要在联系群众上创新载体，深刻把握新形势下学生的思想脉搏和学生工作的新特点、新要求，及时了解学生的所想所盼，有针对性地加以解决。在大学阶段，毫无疑问，学习是学生的第一任务，学好基础知识、提高基础本领、筑实基础研究是大学期间的主要任务。根据国防班党支部的实际特点，找准学生这一特点，尝试采用结对帮扶的方式，充分发挥党员的先锋模范作用，采取党员与群众学习帮扶的方式，切实提高学业成绩，并在帮扶过程中增强党支部凝聚力。

（三）大处着眼，理论学习主题明确，不断丰富服务内容

党员教育的首要在固思想之本、强党性之基，重点解决好思想入党问题。坚持思想建党，强化党章意识和党性教育，使党章这个总章程、总规矩内化于心、外化于行。社会主义核心价值观的弘扬是一个落细、落小、落实的过程。在具体实践中，我们发现，有效选择理论学习主题，积极开展理论学习与探讨，是丰富服务内容的重要选择。比如会计学院2011级第一党支部开展的"中国梦"主题教育活动，通过观看电影《建国大业》、学习党的群众路线教育实践主题内容，再从加强党的自身建设提升到中国梦实现的高度。他们写到："通过此次生活会，大家都对党的群众路线有了更深刻的理解。"会计学院2011本科生第一党支部以"我们的责任担当"为主题开展支部活动，以责任担当为主题，围绕国防生的身份，通过关于国防生的职责使命、责任担当的演讲，以交流讨论的方式达到了紧密党支部成员关系的效果，而且还使党员对国防生的职责使命有

了更加深刻统一的认识。会计学院第一党支部开展的以"忠党爱民，军魂永存"为主题的陈洲贵先进事迹学习交流会，进一步提升了党员和积极分子的党性意识。

（四）细处着手，建立学生成长档案，不断增强服务意识

大学生成长档案记录着每届学生的成长历程，学生每月生活报告成为与学生沟通的桥梁。将辅导员工作中这一工作经验运用到服务型学生党支部中，建立学生成长档案，把学生情况装进心里，丰富实用、动态管理、及时更新的档案资料正逐渐成为支部工作的有效抓手。在成长档案建设的同时，坚持与学生沟通、拉近感情、积极发现和处置问题、学生有需求必谈、定期深入学生寝室了解情况等良性机制。

（五）巧处借力，积极倡导公益事业，不断创新服务格局

以党员志愿服务带动全员参与是服务型学生党支部建设的有效经验。学生党支部先后以参与公益事业，定期看望残疾军人、福利院儿童等为契机，成为学生心灵成长的重要驿站。这种成长主要表现为发挥学生党员主体意识，培养带头服务、带领服务、带动服务的学生党员骨干队伍，克服学生被动参与的习惯。在学生党建工作中，部分老师认为大学生的工作经验不够，不敢放手让学生党员自己组织策划各种党员活动，弱化了学生的党员主体意识，使学生党员产生依赖心理，养成被动受教育管理的习惯。通过公益活动的组织和参与，可让学生党员做到主动融入。支部组织志愿者活动使学生党员能够展现所长、奉献爱心、实现自我价值，这是一个相互影响、相互教育的过程。

根深则叶茂，本固则枝荣。党的根基在基层，活力也在基层。学生党支部是党在高等学校的战斗堡垒，新的社会发展形势也对其工作提出了更高的要求。可以说，建设服务型学生党支部是适应各种复杂情况、解决好组织战斗力的一种必然选择。虽然当前形势多变，但高校党委抓基层、打基础的工作不应也不会放松，服务型学生党支部围绕中心、服务大局的功能也不会变。我们要不断探索工作的新途径、新方法，使之成为新时期坚持群众路线的新内容和新起点，成为巩固党的执政地位、执政基础的新共识和新要求。

参考文献

[1] 中共中央办公厅. 关于加强基层服务型党组织建设的意见 [N]. 人民日报，2014-05-29 (6).

[2]《中国共产党第十八次全国代表大会文件汇编》编写组. 中国共产党第十八次全国代表大会文件汇编 [M]. 北京：人民出版社，2012.

加强网络思想政治教育
建设立德树人新阵地
——基于我校学生网络行为调查的研究

宣传统战部　　葛惠婷　付　媛

摘　要：互联网广泛而深刻地影响着大学生的思想观念、价值取向、行为模式和个性心理，同时也极大地改变了大学生思想政治教育的环境与内容，给高校思想政治教育工作带来了重大机遇和挑战。本文通过校内学生的问卷调查分析，总结出我校学生网络行为的五大特征以及网络思想政治教育的现状，并结合当前高校网络思想政治教育的理论研究成果，有针对性地提出了增强我校网络思想政治教育的六个工作思路及创新举措。

关键词：网络　思政政治教育　问卷调查　行为特征　创新

以网络化为主要特征的信息技术革命给人类的生产、生活、科技、教育等带来了史无前例的变化，而大学生可能是接受网络这一"第四媒体"速度最快、受其影响最深的一个群体。[①] 互联网对处于成长期的大学生有着巨大吸引力，广泛而深刻地影响着他们的思想观念、价值取向、行为模式、个性心理，同时也极大地改变了大学生思想政治教育的环境与内容，给高校思想政治教育工作带来了重大机遇和挑战。

一方面，网络为大学生思想政治教育提供了全新的教育模式、工作载体和发展契机，使思想政治教育由原来的单向灌输型向双向交流型工作方式转变，从而丰富了大学生思想政治教育的方式和手段[②]；另一方面，网络信息传播的跨地域性与跨文化性对大学生思想体系产生的冲击越来越明显，其虚拟性、时效性、难监控性等特点对思想政治教育工作者提出了新的要求。加强高校网络思想政治教育，增强校园网络凝聚力必须有新的工作思路与办法举措。

---

① 温勤. 高校网络思想政治教育存在的问题及其对策研究 [D]. 重庆：西南大学，2007.
② 温勤. 高校网络思想政治教育存在的问题及其对策研究 [D]. 重庆：西南大学，2007.

一、我校网络思想政治教育概况

全面了解和掌握大学生上网的基本情况是开展高校网络思想政治教育的前提条件。为了解我校学子上网的基本情况，掌握大学生对网络文化的普遍看法，我们在学校随机抽取 200 人开展匿名问卷调查（包含本科生及硕士研究生）。问卷共设计 33 道题，主要包含三方面内容：大学生上网的动机和意向、大学生网络生活的基本情况、大学生对当前网上思想政治工作的感受和看法。回收有效问卷 178 份，其中男生占 38.26%、女生占 61.74%。

（一）我校大学生网络行为特征

1. 对网络的功能定位存在偏差

学生上网的动机和需要主要来自四个方面：自我调剂、满足好奇心、寻求精神刺激、学习文化需要。四者中，以学习文化知识作为上网主要动机的学生仅为 18.27%，而以生活调节、寻求刺激为动机的人数占了大多数，为 65.58%；以满足好奇心为动机的占 16.12%。

大学生对网络的使用偏重于娱乐消遣，而对学习功能较为忽略，这也暴露出大学校园线下文化活动对大学生吸引力不够的问题。16.12% 的人选择满足好奇心为首要动机，说明大学生对未知事物有强烈的探索欲望，网络已经成为解答疑惑的重要渠道。

总体而言，调查说明大学生对网络的认识和使用定位存在偏差，过分注重被动的休闲娱乐功能，对需要发挥主动性的学习、思考类行为响应不积极，对资源获取的利用程度有待提升。

2. 自我控制能力较弱

互联网是一个巨大的信息宝库，也是一个巨大的信息垃圾场，助人成长也令人迷失。我校所有学生都上过网，其中几乎每天都上网的占到 80%。有 74.5% 的学生每天的上网时间多于两个小时；超过 1/5 的学生每天上网 4~6 小时，将网络作为课余活动的首要安排；而每天上网超过 6 小时的学生有 5.36%，这一部分人已经有严重的网络成瘾症。

网络上来自不同渠道、不同口径的信息常常是鱼龙混杂、泥沙俱下，而大学生普遍尚不具备较好的自我控制力和信息辨识力，容易受网络影响，超过 65% 的同学承认自己的上网习惯会给学习带来负面影响。超过 68% 的同学认为上网影响了自己的正常生活习惯，超过 80% 的人认为网络文化对自己的人生观、价值观形成有影响，1/5 的人认为有较大影响。调查显示，30.87% 的同学曾上过色情、暴力网站，其中 11.41% 的同学经常访问此类网站。

3. 主体意识日渐增强

"90 后"是自我意识较强的一代，也是网络一代。大学生自我控制能力较弱与其主体性地位提高和自我判断积极性增强之间形成极大矛盾，这对思想政治教育观念、模式、方法提出了新要求。调查显示，大学生对网络信息的信任程度依次为：通过多种渠道获取信息后自己综合判断占 47.85%；对于官方网络及正规门户网站信息完全信任占 19.02%；信任网上发布的全部或大部分信息占 18.4%；倾向于信任社交网络、论坛等非官方渠道信息占 13.5%。大部分学生不信任单一渠道的信息，不管是官方或非官方渠道，而更重视综合不同信息进而主观判断。这表明大学生的主体意识较强，面向他们的思想政治教育不宜采取简单直接的填鸭式，而要更贴近这一群体的特性，以引导施以影响。

4. 娱乐至上

尼尔·波兹曼在其著作《娱乐至死》中描述 20 世纪后半叶的美国社会："一切公众话语都日渐以娱乐的方式出现，并成为了一种文化精神。政治、宗教、教育和任何其他公共事务领域的内容，都不可避免地被电视的表达方式重新定义。"学者普遍认为这一特征在网络时代更加凸显。对大学生上网经常浏览网站的调查结果显示，大学生普遍不关注严肃的类新闻网站与学术网站，而对信息高度娱乐化、碎片化、个体化的媒体更感兴趣。选择微博、人人网等社交网站的占 19.51%；选择校内网的占 19.03%；选择娱乐网站的占 17.34%；其余依次为新闻网、论坛、学术网、思政网；选择思政网的仅有 1.2%。

5. 网上网下双重道德标准

因为网络具有虚拟性、开放性、多元化、互动性等特征，使得不同的价值理念、文化观点能够在网络上自由传播，大学期间是一个人树立正确的世界观、人生观和价值观的重要时期，但因为大学生涉世未深、知识体系不完备、思想不稳定，极易在规则缺失、良莠不分、藏污纳垢的网络世界中迷失，形成网上网下双重道德标准。现实中他们遵循社会规范与道德，在网络环境中却容易遵循自由主义原则，滥用语言暴力，随意散播不实信息，发表不负责任的言论。这种双重道德标准在大学生中普遍存在，成为构建和谐校园网络的障碍。

（二）我校网络思想政治教育现状

网络是当代大学生自由表达思想和进行感情交流的主要场所，也是思想政治教育的重要平台。就目前一些高校的情况来看，网络思想教育工作的格局已基本形成，即以"红色网站"为旗帜，以校园门户网站为主体，以学术、新闻、服务类网站为补充的分层次格局[①]，由思想政治工作和网络技术两支队伍切实推进建设和管理两大任务。

调查显示，大学生认为大学网络文化的主要功能是信息服务（20.75%）、传媒（20.75%）与娱乐（17.92%），而通过对"您认为当前学校网络文化建设和管理中存在的主要问题是什么"的调查，我们发现学生的网络文化需求远远没有得到满足，可提升空间很大。在对前一问题的调查中，25.4% 的学生选择"网上优秀文化产品和服务供给不足"，21.58% 的学生认为"网络服务使用不够便利"，还有 16.39% 的学生认为"学校对校内网的程序管理、信息控制过于严格""网络文化缺失，有待建设"。调查说明，

---

① 梁小龙. 大学生网络舆论思想政治教育引导研究 [D]. 宜昌：三峡大学，2012.

作为网络思想政治教育工作重要组成部分的服务功能还有很大不足,提升校园网凝聚力需要在以上问题中寻找答案。

调查同样暴露出网络思政教育工作面临的巨大难题:五成学生对思政教育网站认可度较低,另有44%的学生对思政教育网站完全没兴趣,仅有6.04%的学生对于目前的思政网站表示满意。这说明大学生热衷娱乐抵触政治教育,高校网络思想政治教育目前采用的方式方法对他们的吸引力不足,我们在加强思想政治教育工作的路上,还没有牢牢占领网络这一重要得教育阵地。

二、增强高校网络思想政治教育的工作思路及办法创新

高校网络思想政治教育是网络和思想政治教育的联姻,是现代教育技术发展的必然,是新形势下思想政治教育工作的创新。胡锦涛同志在考察《人民日报》时的讲话中说:"互联网已成为思想文化信息的集散地和社会舆论的放大器,我们要充分认识以互联网为代表的新兴媒体的社会影响力,高度重视互联网的建设、运用、管理。"[1] 中央16号文件中进一步强调,要"主动占领网络思想政治教育新阵地","全面加强校园网的建设,使网络成为弘扬主旋律、开展思想政治教育的重要手段"。

网络技术发展的趋势、思想政治教育生命线作用以及大学生的特殊性必然要求我们以开放的心态正视当前高校思想政治教育工作所存在的问题及其制约因素,充分发挥网络优势,创新工作思路和举措,提升高校网络思想政治教育的实际效果。

(一) 加强高校网络思想政治教育工作的理论探索

结合当前高校网络思想政治教育的实践情况和研究,我们可以看出,互联网的发展趋势迅猛,覆盖面越来越广,对人们的影响越来越深,尤以当代大学生为主流群体。但是人们对于互联网的认知却远远跟不上互联网的发展速度,虽然我们开展了多年的网络思想政治教育工作,但方式单一、方法被动、效果乏力,对于网络思想政治教育的规律研究不足,深入解决核心问题的能力不强,大多处于被动应对,无法将正面影响扩大,仅仅解决单次事件或单个个人的状态。因此,目前迫切需要进一步加强对大学生网络行为的分析,对其规律和心理进行研究和探索,同时进一步加强理论研究,以期将理论与实践相结合,强化高校网络思想政治教育的方式和成效,努力做到网络舆情监控和防治相结合、网络技术方法和传统方法相结合、群体教育与重点教育相结合、网络心理咨询和疏导相结合,以科学的方法加强网络思想政治工作,巩固成效,将网络思想政治教育的成果理论化、系统化。

(二) 增强网络思想政治教育工作的权威性与吸引力

高校网络思想政治教育要紧紧依靠网络平台,密切联系实际,与时俱进,将思想政

---

[1] 何海翔. 网络监督:政协民主监督的新渠道 [D]. 绍兴:浙江越秀外国语学院,2013.

治教育的内容以丰富多彩的网络活动形式，更加全面地融入到网络中去，以舆论引导、品格塑造为前提，切实提高网络思想政治教育方式的权威性、内容的吸引力。一要积极利用、大力发展、科学管理，建立长效机制，加强技术力量、加大资金投入、引进专业人员，将网络思政教育系统化，在建设以校园网、专题网、"两课"网为主的高校网络思政教育主题网站的同时，以强化理论为基础、传播知识为目的、活泼互动为手段，扩大红色主题网站网上党校、共青团在线、网络思政教育课堂等的影响力。二要将思想政治教育工作知识化、趣味化、日常化、隐形化，提高网络思政教育理念、丰富内容、创新方法、完善体制，建设结合大学生需求，兼具时代特色，代表社会发展方向的网络文化，依托网络繁荣主流思想文化，依靠网络开展线上线下主题活动，努力提高高校网络思想政治教育的针对性、实效性和吸引力、感染力。

（三）完善校园网络制度和管理规范，优化校园网络环境

规范校园网络管理办法和制度，实现科学办网、依法管网，创造良好的校园网络环境。第一，加强技术监控和网络安全工作，努力培养学生的道德自律精神，使学生形成自觉约束和相互监督的网络行为意识。第二，加强建设，重在管理。在加大校园网建设力度的同时，加强对校园网络文化的规范管理，逐步探索出法律、行政、技术、教育、自律结合运用的管理方式和方法。第三，思想政治教育工作人员密切关注网络舆论发展，以疏导代替抑制，以引领主导管理，提高大学生对网络信息的识别力、判断力，提高学生接受不良信息和承受问题的能力。

（四）加强校园网络文化队伍建设，构建创新型、服务型的思想政治教育工作体系

校园网络文化建设的创新与实践最终要依靠一支高水平的网络文化建设队伍。目前高校的网络文化工作主要由技术人员、专职管理人员、辅导员、学生骨干等承担，在各自领域内的分工较多，跨领域的整合互动较少。部分高校已经成功探索出校园媒体的联盟合作之路，形成一张资源有效利用、覆盖面广、联动性强、高质高量的网络文化生产网络。未来的校园网络文化工作者需进一步贴近师生，转变思想，提升服务意识，丰富产品形态，加强与学生的平等沟通与交流，以及时回答和解决学生提出的有关学习、生活、就业等方面的问题，牢牢掌握学生思想动态。

（五）坚持正确舆论导向，不断丰富校园网络文化产品，以文化建设促进思想引领

优秀的校园网络文化产品是高校师生的精神营养餐，也是增强校园网络凝聚力的重要基础，以文化建设促进思想引领就是要突出网络建设的文化属性，同时强调网络文化的思想底色。一要坚持正确的舆论导向，结合新的时代主题和学生成长新需求，创造更多启迪思想引领成长的网络文化产品。二要大力加强网络文化的宣传教育，提高大学生运用现代信息技术获取和创新知识的能力，扩大其对网络有益资源的利用与吸收。三要利用先进技术传播优秀文化与先进思想，积极介绍、引进、创造优秀网络文化内容，提升校园网络思政文化的深度、广度，发挥思想引领作用。

（六）充分调动建设主体的积极性，搭建思想政治教育工作的跨平台大格局

校院两级相关管理部门既要积极响应国家部委的号召，有规律地开展常态的网络思想政治教育工作，同时要提高主动性，针对校园热点、学生思想动态及时开展网络思政教育活动。牢牢占领学校"红色网站"和"红色板块"的思想舆论阵地，同时将院级、社团的网络阵地进行整合，进一步发挥辅导员队伍的作用，提升网络思政教育工作的渗透力，以校主管部门为龙头，形成网络思政教育工作的合力。进一步延伸网络思政教育空间，加强对新兴网络产品的利用。思政教育不只走进网络，更贴近学生、贴近生活，构建一个跨平台的大格局。

新媒体时代，网络信息的发展速度将越来越快，对社会的改变会更加深刻而全面。高等教育工作者要紧跟时代浪潮，走在趋势之前，走在学生之先，把网络工作落到实处、做出新意，使思想政治教育工作沉浸到每一个网络空间，把校园网络建设成为立德树人新阵地、师生精神文化活动的新空间、校园文化和服务的新平台，为学生成长成才和学校发展提供源源不竭的精神动力。

参考文献

［1］李卫红. 深入贯彻党的十七大精神 不断开创高校校园网络文化建设和管理工作新局面［J］. 思想理论教育导刊，2008，（1）：4-11.

［2］韦吉锋. 网络思想政治教育研究［M］. 北京：新华出版社，2005.

［3］宋元林. 网络文化与大学生思想政治教育［M］. 长沙：湖南人民出版社，2006.

［4］白荣宝. 高校校园网络舆论及其引导研究［D］. 大连：大连理工大学，2010.

［5］冯周卓. 论大学生积极心理的价值［J］. 湖南科技大学学报（社会科学版），2009（11）：114-118.

［6］任样，段从宇，王天志. 高校校园网络舆论的调查与分析明［J］. 教育与职业，2009，12（35）：88-190.

［7］杨直凡，胡树祥. 网络思想政治教育方法的构建与创新［J］. 思想政治教育研究，2007，（7）.

［8］夏宏奎. 网络文化背景下高校思想政治教育的思考［J］. 经济师，2004，（10）：87-88.

［9］王学风. 论高校思想政治教育的网络载体［J］. 黑龙江高教研究，2001，（1）：51-52.

［10］温勤. 高校网络思想政治教育存在的问题及其对策研究［D］. 重庆：西南大学，2007.

［11］梁小龙. 大学生网络舆论思想政治教育引导研究［D］. 宜昌：三峡大学，2012.

［12］何海翔. 网络监督：政协民主监督的新渠道［D］. 绍兴：浙江越秀外国语学院，2013.

［13］刘显忠. 代金平. 论高校网络思想政治教育方法的创新［D］. 重庆：重庆邮电大学，2009.

［14］谢苏燕. 论电大校园网络文化的构建［D］. 常州：常州市广播电视大学，2009.

法律意识培养
在大学生"三自"教育中的作用

经贸外语学院　　　罗元化

摘　要："三自"教育主要是突出大学生在教育、管理、服务中的主观能动性，从而达到成长成才的目的。法律意识的培养有利于增强大学生的规则意识，有利于促进"三自"教育制度的建立及完善。本文主要分析了目前各高校开展的"三自"教育的特征，探讨了当前大学生们法律意识的现状，从而提出了提升法律意识，更好服务大学生"三自"教育的建议。

关键词："三自"教育　法律意识　大学生

大学生"三自"教育区别于以往的大学教育概念，具体是指大学生们开展自我教育、自我管理以及自我服务。根据 2004 年 8 月 26 日，中共中央国务院《关于进一步加强和改进大学生思想政治教育的意见》（中发〔2004〕16 号）文件精神，"三自"教育是加强和改进大学生思想政治教育的基本原则之一。在具体的教育工作中，坚持学校教育与大学生自我教育相结合，充分调动教育活动各主体的能动性。在注重充分发挥学校教师、党团组织教育引导作用的同时，要充分调动大学生的积极性，激发他们的主动性，引导他们开展自我教育、自我管理、自我服务。在这个文件的指导下，各地高校均开展了形式多样的"三自"教育活动。如上海师范大学在"三自"教育实践中就开创性地培育了校长（书记）事务学生助理、学生九大民主管理会、爱心学校、宿舍自管等品牌。①

但从目前各高校开展的活动来看，"三自"教育主要有以下特征：第一，学校的引导性。一般而言，学校领导越是重视的学校，"三自"教育越出色。学生开展"三自"教育的权限、经费大部分都是依靠学校的支持。一定程度上，外包了学校的某些功能。如有的学生自主管理教室，其实主要还是指教室的卫生由学生自己打扫。第二，附属性。这主要是指目前"三自"教育是学校教育及管理的附属。这主要是因为在现有高校管理体制下，"三自"教育无法真正实现对大学生自立意识、自理能力、自强品质的

---

① 王建军. 大学生"三自"教育的实践探索——以上海师范大学为例［J］. 高校辅导员学刊，2014（4）.

培养。要培养学生的"三自"能力，就要着眼长效机制的建立，明确学校在"三自"教育中的职能边界，探索学校与学生、学校与学院、学院与学生之间的权利义务体系，并通过实践中的经验积累，逐步建立健全各项制度，确保学生"三自"教育落到实处，发挥实际作用。[①] 这样的一个体系既要尊重学生的民主意识和参与意识，又要符合现行法律法规，要让学生学会在法律法规的框架下充分行使自己的权利。这就迫切地需要开展法律意识的教育和培养。

一、当下大学生法律意识现状

法律意识的培养在当下党和政府大力推进依法治国战略的时代背景下尤显重要。没有法律意识的土壤就无法建设社会主义法治国家。因为法律意识本身就是人们对法律的自觉、认识、信念。法律意识是建设社会主义法治国家的精神动力和支柱，影响立法、司法、守法等法治全过程，决定法治建设的成败。[②] 具体到高校学生，法律意识对大学生"三自"教育的引领作用尤为突出。法律是我们国家和社会正常运转的保障，也是我们规范自身行动的指南。大学生应该充分理解社会主义法律的精髓，分清是非判断，明辨善恶美丑，以社会主义法律体系来指导自己的思想，内化为自我教育、自我管理的行为，从而达到自我服务的目的。

但是从笔者收集的资料看来，目前我国大学生的法律意识虽较以往有着长足进步，但是仍存在以下主要问题：

1. 大学生法律意识淡薄

大部分学生了解一些基础的法律常识，但法律意识淡薄，实践法治的主动性不高。由于高考的压力，很多大学生习惯了应试教育。对于法律的学习也是同样如此。注重死记硬背，应付考试就行。而当现实生活中遇到问题时，往往想到的还是非法律的因素，比如"找关系""走后门"等。大学生尤其缺乏民主参与意识，在笔者所在的财经院校，具体就表现在同学们只关注与自己切身利益相关的事情，对与自己关系不大的事情缺乏参与的热情，认为这是在浪费时间。同时，在平常的活动设计中，过分注重短期利益，缺乏长效机制的建设，表现出较强的功利性。这就导致"三自"教育一定程度上流于形式。

2. 大学生法律教育的重视不够

根据研究，绝大部分同学认为法律知识的获得主要来源于公共课程，即《思想品德修养与法律基础》。但目前大学生普遍对公共课的重视程度不高，公共课被戏称为"打酱油的课"。可想而知，大学生能够在课堂上学到什么内容。[③] 很多学校的法律公共课

---

① 袁世斌. 当代大学生"三自"能力培养机制研究［J］. 湖北科级学院学报，2013（2）.
② 徐明磊，李会勋，于娜. 大学生法律意识调查研究——以山东科技大学为视角［J］. 湖北成人教育学院学报，2010（1）.
③ 徐明磊，李会勋，于娜. 大学生法律意识调查研究——以山东科技大学为视角［J］. 湖北成人教育学院学报，2010（1）.

教师师资力量不足，上课内容缺乏吸引力。课堂之外，大学里法治宣传也缺乏有效而广泛的形式。这样就在大学生法律意识培养方面形成了真空。使得大量网络信息在大学生中传播，造成了不好的影响。比如，近年来的反腐案件，由于缺乏正当的解读和引导，导致在大学生中造成了恶劣影响，严重影响了他们对法律的信仰。网络已经成为大学生认识和了解社会的一个重要渠道，极少数司法不公的案子在网络上被大肆渲染，使得有些大学生认为腐败才是常态，法律只是空谈。

3. 高校自身的教学和管理中存在的一些问题影响了法制教育的实效

高校自身的环境也会潜移默化地影响学生。学校本身的管理水平和法治状况就是一种无形的示范教育。一些学校的规章制度不够健全，内部自我约束机制不够健全，可能存在乱收费、乱罚款及不实行办学承诺等情况，在日常管理中不能够照章办事，因人而异，在学生中造成了不良影响。法制观念的形成需要一定的氛围，高校是社会的缩影，学校的法治状况直接影响对学生法制教育的成效，高校的管理者应该为学生营造浓厚的法治氛围。①

二、提升大学生法律意识，更好地开展"三自"教育

大学生良好法律意识的形成，不仅关系着"三自"教育的质量好坏，也关系着一个学校的人才培养质量。从更大的角度来将，还关系着我国的法治进程和社会的发展。在这种情况下，加强大学生的法律意识培养，更好地开展"三自"教育就更为重要。

从大学生本身的心理特点看，虽然大部分已经成年，但绝大部分是在父母的护佑下成长起来的，刚刚离开父母的他们还缺乏独立正确处理问题的能力与经验，人生观、价值观还未真正形成，反映在表象上就是在对待诸多问题上的不成熟、不冷静、不理性。因此，大学生的可塑性很强，大学期间提升大学生的法治观念有很大空间。

加强大学生的法治观念既有必要的，又有可能性。针对这种情况，提出提升大学生法治观念的如下建议②：

一是重构公共课教育中的法治教育内容。课堂教育是人才培养的主要方式，也是我们灌输社会主义法律意识的主要阵地。针对现有存在的问题，笔者提出，高校应该更加重视公共课程在学生法律意识培养中的作用。在公共课程中加强法律意识和法治观念的教育与引导，加强法律基础部分的理论学习与实践教学，采用多种教学手段，增强其实效性和吸引力，满足学生对法律知识渴求的期待，注重课堂内外的互动，让法律意识真正贯穿大学生活。

二是发挥学生自身作用，充分利用网络平台。网络平台是各高校学生"三自"教育的重要载体。鼓励学生自己利用网络平台，充分开展法律宣传、典型案例大讨论。同时，学校的课堂教学应该积极回应同学们在网络平台上积极关注的方面，加以正确的引

---

① 任雪丽. 影响高校法制教育的消极因素探析［J］. 法制与经济，2008（9）.
② 杨冠声，尚绪芝. 大学生法治观念的一般调查与分析［J］. 法制与社会，2009（6）.

导，形成课堂—网络的良性互动。

三是加强学生"三自"教育的制度建设。制度的建设，其实就是法律意识的一种培养。鼓励学生充分地参与到制度建设中来，经过充分的民主讨论和意见收集，形成对大家具有约束力的文件，保证"三自"教育的正常开展。正如"授之以鱼不如授之以渔"，高校应该逐步从学生"三自"具体事务中脱离出来，仅负责宏观把握，让学生学会在制度的框架下行事。

四是加强学生事务管理的规范性和合法性。目前大学生的依赖心理比较严重，很多事情不会自己主动去解决，而是简单地询问辅导员。为了培养大学生的"三自"意识，高校有必要从改进自身的管理水平着手。梳理和完善学生事务管理方面的文件制度，并在学校主页处公示。学校各部门严格按照制度办事，规范办事流程。让学生学会自己解决问题，养成按规矩办事的习惯和意识。同时，针对学生典型的违法违规行为，通过心理疏导、个案分析、个案警示、个案教育等途径进行有针对性的教育和引导。

大学生就业选择视角下分类培养实践研究

——以金融学院探索本科生"三分类、三促进"培养为例

金融学院　　廖汪洋　兰　敏

摘　要： 面对社会对人才多样化和学生自身个性化的现实需求变化，高校应该严格按照国家对人才整体培养要求，认真对学生进行科学分类，有效采取相应策略，协同配合，整体推进，不断提升服务管理质量。金融学院根据"培养金融领袖、引领知识创新"愿景，依托金融行业优势和校友优势，根据学生职业发展和行业人才需求变化，主要围绕学生就业、国内读研和出国留学三类需求开展了相应探索；在为学生解决实际需求中扎实做好思想政治教育，促进学生全面发展，满足社会对高质量人才的需求。

关键词： 分类培养　服务　思想政治教育　全面发展

学生分类培养主要是根据不同类型学生的性格性情和职业发展需要，设计与之相适应的多元化培养模式。对于大学主，要注重思想引领，全方位提供满足其成长的各种条件，让学生认识自我个性特征，引导其最大限度发挥自身优势和潜力，引导学生自主选择职业发展方向，让不同志向和不同能力的学生得以协调发展和整体发展。为此，高校有责任根据学生自身素质和能力差异，把不同类型的学生进行归类，针对性地教育，促进全体学生的全面发展。在服务学生的过程中，学生思想政治教育才能最大成效地发挥引领引导和促进作用。

一、分类教育的历史渊源与现实需要

教育上的分类培养有悠久的历史渊源。中国古代思想家、教育家孔子早就提出因材施教。仅举一例，《论语·先进》中，子路问孔子："闻斯行诸？"子曰："有父兄在，如之何其闻斯行之？"冉有问："闻斯行诸？"子曰："闻斯行之。"公西华曰："由也问闻斯行诸，子曰，'有父兄在'；求也问闻斯行诸，子曰，'闻斯行之'。赤也惑，敢问。"子曰："求也退，故进之；由也兼人，故退之。"孔子根据弟子的不同性格，对同一问题采取了不同的方法。

　　社会对人才的需要和学生自身发展也需要分类培养。分类培养是高校适应经济社会发展对人才需求多样化、专业化的必然要求。随着连续多年的招生规模扩大，学生生源来源状况有更大的不同①；不同类型学生家长预期、学生个人职业发展等也有较大差异。高校应该适应并提供多样化人才成长服务平台，使不同学生学有所成，学有所长。实施分类培养、协同教育有利于发展学生个性，发挥其自主作用，促进学生全面发展，提高其创新精神和实践能力，提升综合素质。

二、金融学院积极探索"三分类、三促进"本科生分类培养

　　社会对人才需求的多样化和学生自身需求多样化，对高等教育提出了更高要求。作为不同层次的高校，须充分考虑行业差异不同需要，充分发挥自身优势，办出特色，办出品牌，并努力与经济社会发展对接，解决多样化的社会需求与单一化的教育目标之间的矛盾。② 金融学院主动适应人才变化新趋势，尤其注重分类培养：纵向上根据不同年级学生特点采取针对性计划，实施分类培养；横向上打破专业界限，实现信息和资源共享，充分发挥好类型示范作用，全面激发学生自主性，提升"三自"教育实效。

（一）依托行业优势与校友优势，"培养金融领袖、引领知识创新"

　　金融学院学生分类培养立足于国家对人才的需求，同时着眼于满足不同类型学生的多样化需求，实现全体学生的充分发展，真正实现社会需求与自我发展的统一。金融学院对人才培养的分类也基于学院自身的定位和愿景。西南财经大学作为教育部直属的国家"211"工程和"985"工程优势学科创新平台的全国重点大学，明确了其特色为"金融特色"；同时金融学科在国内处于一流水平，学生生源素质良好，具有充分的发展潜力。学院定位发展为"国内一流、国际知名的研究型学院"，愿景是"培养金融领袖，引领知识创新"，学院发展目标与愿景是源于对历史、现实和未来的科学综合考量，对本科生分类培养具有指导作用。

（二）毕业去向动态数据库为分类培养提供了客观依据

　　为提升教育针对性，金融学院采取多种途径，建立多层级信息获取平台，有效获取学生全面信息。学院在各方面认真听取学生培养需求，其已经制度化的做法主要包括：每学期学院领导参加分年级学生学习调研座谈会和跨年级分类专题调研座谈会；每学期举行教学、学生活动等专题问卷调查；每年充分利用校友返校举办"金融校友讲堂"机会开展校友问卷和座谈，全面了解毕业生工作表现和行业对金融人才的需求变化。通过以上举措，全面了解学生的思想动态和实际需求，根据学生变化，针对性采取培养

---

　　①　李立国. 中国高等教育大众化发展模式的转变［J］. 清华大学教育研究，2014（1）.

　　②　潘懋元，吴玫. 高等学校分类与定位问题［J］. 复旦教育论坛，2003（3）.

策略。

自 2011 年以来，金融学院开展本科学生毕业意向调查问卷调查，形成了调研报告，分析了动态变化过程。还坚持做好毕业去向动态数据库建设，而且已经制度化、常态化，为从学生职业发展角度上制定学生分类培养计划提供了客观依据，动态数据库的建设和数据挖掘为分类培养为学生成长提供了客观依据。

（三）基于毕业去向与职业发展，学院形成"三分类、三促进"教育模式

根据学院发展目标、学院愿景及各类调研，特别是对毕业生去向数据的分析，金融学院形成了"三分类、三促进"本科学生分类培养模式；并在此过程中，始终做好思想引领，取得了明显成效。连续三年，直接就业、国内读研和出国留学比例整体上基本持平。

本科生毕业去向就业数据显示[①]，2013 届毕业生中直接就业、国内读硕、出国留学的在毕业总人数中分别占比 49.5%、23.4% 和 24.2%。因专业不同而略有不同。比如 2011 届学生中就读金双、金工、金融理财实验班及金融学的出国比分别占专业总人数的 35%、31%、28% 及 18%。在考研方面，金融理财实验班、金双、金工及金融国内深造专业占比分别为 49%、25%、26% 和 25%。在就业方面，金融学、金双、金工和金融理财实验班专业占比分别为 55%、40% 和 43% 和 23%。

综上所述，显示出金融学院本科学生毕业主要去向为直接就业、国内读研和出国留学。因此学院也采取了适应性举措，确保提升质量，有效实现"三促进"。

三、有的放矢，做好直接就业、国内读研、出国留学三类学生的教育服务

（一）搭建系列教育实践平台，提升学生职业素养

2013 年，金融学院推出学生职业能力素养提升计划，致力于进一步实施开放性、自主性、引导性管理服务模式，满足学生多样化需求和个性发展，尤其是增强学生职业意识，提升职业技能和综合素养，引导学生积极主动适应行业和社会的需求，全面提升学生综合竞争力，从而实现金融学子"全面成长—成人成器—服务社会"的教育目的。

1. 推出职业素养训练营计划

计划全面涵盖学生就业所需主要技能，其专题包括简历制作、无领导小组讨论、压力面试、演讲与口才等；其主要形式包括举行讲座、召开各类形式的交流会、深入实践等。计划推出以来，开展了社会学调研方法、"妆点你的美——形象塑造"礼仪系列、演讲与口才、应用文写作、简历制作修改、无领导小组面试等系列讲座活动 20 余场次，受益学生近千人。

---

① 西南财经大学金融学院．[EB/OL]．http://jinrong.swufe.edu.cn/2014-06/12/201406121031374015.htm.

2. 组织学生进行业参观实践

推出"走出课堂，走进银行——行业体验之旅"。组织学生分别到中国农业银行温江支行、中国工商银行温江支行、国信证券成都营业部等金融机构参加行业体验交流活动，深入了解金融实务部门主体业务，体验工作环境和工作流程等，并进行交流座谈，全面了解实务部分对人才的需求。2014 年以来，组织学生开展行业参观 10 余次，受益学生 300 余人。

3. 打造校友资源分享平台

充分依托校友资源和行业优势，将校友优势变为办学资源，邀请校友返校组织开展行业沙龙系列交流，打造"大金融、小课堂"交流平台。校友们分享各自单位对金融人才的要求、岗位综合技能、自身努力与机会的把握等。2014 年以来举行沙龙 13 次，600 余名学生参与受益。

4. 推出职业智慧公益课程

2014 年 4 月，特邀职慧公益为金融学院全体辅导员和各年级 1 600 余名学生进行了为期两天的职业素养系列课程讲授和交流。12 场专题课程内容涵盖演讲表达、生命成长、时间管理、职场智慧、成功面试、知己知彼、提高情商、有效沟通、团队合作、主动领导等内容；授课形式多样，包括自我测评、小组讨论、小组合作等多种形式。这些充分调动了学生学习积极性与参与感，授课效果好。

（二）以学术能力提升计划为基础，助力学生继续深造

1. 推出本科生学术能力提升计划

该计划旨在提高本科生人才培养质量，尤其是帮助本科生提升科研意识与能力能力。2013 年，在 2012 级学生中首批选拔了 30 名。计划包括：按方向设立 5 个导师组；参与学术导师的科研项目与论文研究；可资助参加学术活动；加强科研基础训练；参加"大金融学科学术沙龙"等学术讲座；每月组织一次集中学术讨论；每年度举行年度学术科讨会；建立动态进出机制。按照预定计划，两年来共开展了系列讲座和交流活动近 20 次，学生受益匪浅。这些学生通过交流座谈会、主题班会等形式对更多的同学产生了积极影响，共同提升了学术氛围。

2. 指导专业社团，开展专业学术活动

重点指导好金融投资协会。该协会致力于传播正确的投资理念，传授合理的投资技巧。协会与华泰长城期货、华西期货、华泰证券和中信银行等金融机构建立了广泛的联系与合作。主要固定学术活动包括模拟股票期货交易大赛、开展校内组织股权交易等。协会多次获得西南财经大学"明星社团"称号。此外，打造好金融理财月品牌活动。该活动主要由金融学院金融与理财实验班承办，已经连续举行了 5 届，在学校有着广泛的影响。

3. 组织及参与国内外专业类学术比赛

2014 年，西南财经大学首次承办 GIC 全球投资大奖赛中国西南赛区比赛，是继清华大学、香港大学、上海交通大学之后，与 GIC 官方进行合作的国内第四所高校。金融学院支持学生参加巴黎银行全球案例大赛、北京大学光华管理学院案例大赛等国内外专

业比赛，都取得了良好的成绩，展现了西财学子的风采。这些举措为有志于深造的学生提供了良好的提升机会和锻炼平台。

（三）办学注重国际化，提升学生出国留学质量

1. 增加交换项目

国际化是大势所趋[①]，金融学院除鼓励学生参与校交换项目外，还加大了学院院级交换项目建设，以满足出国交流学生的需要。尤其是做好前期引导，尽力提升留学大学的质量。目前学院院级短期交流项目包括日本长崎大学两周访学、英国亚伯大学暑期两周夏令营交换等；中期互换学分项目包括英国亚伯大学交换项目、日本长崎大学及台湾中兴大学项目等。

2. 推出 UCSD 金融硕士项目

2014 年，学校与圣地亚哥加州大学瑞帝管理学院（Rady School of Management，UCSD）签署了合作协议备忘录，我校应届本科毕业生可到圣地亚哥加州大学瑞帝管理学院攻读金融硕士学位，为西财学生到美国名校攻读金融硕士建立了良好的合作机制。

3. 组织系列出国交流活动

建立了学生出国交流学习机制。定期邀请专家进行专题讲座；邀请交换学生和已经出国学生返校进行交流。2014 年以来，共举办此类交流活动 9 次，参与学生百余名，为有志于出国留学的学生搭建了良好的信息沟通和指导平台。

四、继续深入推进学生分类培养

从本科生分类培养实施的效果来看，学生的实践能力、科研能力等综合素养得到很大提升；学生就业质量、国内读研升学质量、出国学校质量都保持了较高水平；分类培养取得了明显成效。

1. 做好统筹性

从学校整体层面看，提升本科生分类培养质量涉及很多面，横向看包括课程设置改革、课外活动引导及学生综合评价等；纵向看需要制定跨年级计划，保持计划延续性。

2. 坚持持续性

分类培养要从学生进校到离校进行统筹设计，持续推进；坚持过程育人，分阶段做好分类、教育和服务；始终保持动态调整，提升分类培养针对性和实效性。

3. 坚持整体性

坚持全员全方位育人，教学课堂、校内活动、社会实践等要协同配合；坚持点面结合，全体学生普遍教育与重点学生深度辅导相结合；坚持师生互动原则，激发学生自主能动性，做好学生"三自"教育，推动学生自我成长及服务组织建设。

---

① 余清萍，屈琼. 21 世纪国际化人才培养的思考［J］. 湖北省社会主义学院学报，2003（2）.

参考文献

［1］孙长缨. 当代大学生就业研究［M］. 北京：高等教育出版社，2008.

［2］黄天中. 生涯规划——体验式学习［M］. 北京：高等教育出版社，2009.

［3］张晓鹏. 美国大学创新人才培养模式探析［J］. 中国大学教学，2006（3）.

第三章
心理篇章

足够好的母亲：
温尼科特理论中的积极心理学思想

心理健康教育中心　　黄　燕　宋晓莉
中国西部经济研究中心　　肖　霄

摘　要：温尼科特的理论强调，孩子在成熟过程中需要有"足够好的母亲"来提供抱持性的环境，以培养孩子良好的感受能力，帮助孩子整合爱恨交织的情感，使孩子由充满全能感的依赖期逐渐走向更有道德感、责任感，更适应现实的独立期，并通过游戏的方式了解现实，聚合自我，培养创造力，发展出完整的人格。

温尼科特对于"足够好的母亲"的论述，无论是在主观体验层面、个性特质层面，还是组织系统层面，都展现出积极心理学的特点。他从健康的角度深入探究人和社会的精神健全、幸福满足及其获得的途径，并指出在其理论框架下进行积极心理治疗和心理教育的方式方法。

关键词：积极心理学　温尼科特　足够好的母亲

20 世纪是现代心理学蓬勃发展的百年，心理咨询、心理治疗的理论和方法百花齐放，逐渐形成了精神分析学派、认知行为学派、人本主义学派三分天下的局面。每一个理论或学派的创立，都建立在对以往理论进行批判或补充的基础之上。从时间上来说，精神分析学派是最早创立和发展的，其创始人弗洛伊德最初是一名精神科医生，研究对象主要是精神病患者。鉴于创始人的职业背景和临床经验，早期精神分析理论认为，性本能、攻击本能等无意识冲动及对这些冲动的防御之间的剧烈冲突是导致心理困扰和精神疾病的重要原因。这些观点曾给那个时代的人们提供了一个全新的、深入地理解自己的视角。但随着时代的发展，这些观点也被认为过于强调人性的阴暗面和脆弱性，而精神分析学派因此也被作为"消极心理学"的代表被批判。

后来兴起的人本主义是反对精神分析的强大力量之一。马斯洛[①]曾表示，过往的心理学理论对人类积极面的关注远远少于对消极面的关注。他认为，心理学应该更多去了解人类的潜能、美德、自我实现的愿望以及心理的高度。以马斯洛为首的人本主义对精

---

①　亚伯拉罕·马斯洛. 动机与人格 [M]. 许金声，等，译. 北京：中国人民大学出版社，2007.

神分析的批判，似乎完全将精神分析放在了积极的对立面，而这一趋势，在 20 世纪末马丁·赛里格曼掀起一场"积极心理学"运动后变得更加明显。积极心理学致力于研究普通人的活力与美德，这与以往的"疾病模式"——以精神病人和心理疾病为研究对象有本质的区别。积极心理学认为，心理学不仅是关于疾病或健康的科学，也是关于工作、教育、爱、成长和娱乐的科学。它主要研究积极的主观体验、积极的个人特质和积极的社会关系。

在美国发起的积极心理学运动迅速蔓延至全世界许多国家，包括中国。2009 年，第一届国际积极心理学大会在美国召开；2010 年和 2012 年，中国连续举办了两届中国国际积极心理学大会，足见这一"年轻"的心理学派对中国心理学界的影响之快、之大。而与此同时，被积极心理学诟病的消极心理学的代表——较为"古老"的精神分析，在中国的发展也方兴未艾，尤其是在心理咨询和心理治疗领域中的推广和应用，更是如火如荼。因此，中国大量年轻的心理学从业者就会面对一个选择的困境：是选消极心理学还是积极心理学？是关注问题还是关注潜能？该以什么样的理论和方法去理解人、帮助人？

然而，精神分析真的与积极心理学势不两立吗？精神分析真的只关注病态心理吗？笔者作为一名学习和实践了六七年精神分析理论和方法的高校心理咨询从业者，始终在内外的冲突中思考这些问题。随着对精神分析的学习逐渐扩展和深入，笔者越来越多地看到精神分析与积极心理学的相融之处。有研究者①认为，阿德勒、埃里克森、霍妮等人的理论中体现出丰富的积极心理治疗思想。现代精神分析的另一代表人物温尼科特，其理论观点中能看到更多对人和社会的积极态度。他所重视的与积极心理学的三大研究对象不谋而合，即强调积极的主观体验、积极的个性特质和积极的社会关系。他对这些方面的具体论述，从另外一个视角深化了积极心理学所倡导的理念。尤其是他提出的"足够好的母亲"这一概念，为今日的家庭教育、学校教育和社会教育如何促进人的健康成长指明了方向。

一、温尼科特以积极的视角看待人和社会

现代精神分析的发展经历了从经典弗洛伊德理论到自我心理学，再到客体关系和自体心理学的演变历程，温尼科特是客体关系学派的重要代表人物之一。在他 40 年繁忙的儿科医师兼儿童精神分析师的生涯中，温尼科特照顾了成千上万因战争而流离失所的母亲和孩子。医生、精神分析师、战争，这些元素原本会让人联想到他是个"疾病模式"的心理学工作者，其实不然。无论是他个人的品性，还是他对待人和社会的态度，都充满了积极的力量，使所有人都真切地感受到他和他从事的工作带来的积极意义。

在英国精神分析学派的内部争斗中，温尼科特起到了极大的斡旋与平衡作用，并被冠以"中间派"的名号。处于如此艰难的学术境地，他却两次担任英国精神分析协会

---

① 杜田，孙卫. 浅析精神分析理论中的积极心理学思想［J］. 荆楚学刊，2010（1）：11~12.

主席，其影响力和公众信服度可见一斑。他极善于发现他人的优点，发掘每个人身上潜在的创造力，善于在包容和安全的环境中帮助他人满足内心真实的需要，从而艺术地化解矛盾。也许正是他包容、支持的心态和人格，帮助他建立了积极的人际关系，获得了很多人的拥趸。

他对人的积极态度与他的个性是一致的。他对生命的成长和发展抱着极为乐观的态度。他认为每个小婴儿体内都有对生命成长和发育生生不息的强烈欲望，这是与生俱来的本能。他将生命蓬勃发展的天性比作在花坛里种水仙花，"不需要拔苗助长，只要把球茎放进去，覆盖肥沃的土壤，浇适量的水，其余的顺其自然就好，因为球茎中蕴含了生命力，自然会开花"。① 这种对生命本来力量的信任和赞叹，在当今家庭教育和社会教育不断鼓吹超前性、急迫性的现状中，无疑是一缕清风，是轻柔又坚定的警醒。然而，他并不认为生命完美不会经历挫折、痛苦和疾病，但是他仍从积极的角度看待这些经历，认为即使有这些遭遇，也不可能彻底摧毁人类的创造力。因此，温尼科特的积极和乐观，不是乌托邦式的鼓吹完美、忽略病痛，而是更加真实、更具包容、更有力量。

他看待社会的角度也是积极的。尽管经历了残酷的第二次世界大战，但他并没有选择用"疾病"的方式看待社会，而选择从社会里所有精神健全者的成长或自然而然永保青春状态的角度来观察社会。尽管有时候某个团体中精神不健全者的比例过高会让健康成员不堪负荷，甚至诱发精神疾病，但他仍然坚信社会终会朝着更积极的方向发展。的确，心理学或精神医学所关注的绝不能仅止于健康，还包括幸福和满足，而幸福和满足是奠基在精神健全之上的。所以，心理学或精神医生除了要解除精神病患者的痛苦，更重要的是，要使精神健全的人活得更加幸福和满足。这一点，温尼科特的思想与当代积极心理学的基本主张几乎是完全相同的。

二、温尼科特的理论关注积极的主观体验及其获得方式

积极心理学的研究对象之一是积极的主观体验，包括指向过去的幸福感和满足、指向未来的希望和乐观主义、指向现在的快乐和幸福流，以及它们的生理机制和获得的途径。同样，温尼科特通过大量的演讲或文章阐述了促进小孩情感发展的重要性，以及如何在早期养育的过程中提高孩子积极的主观体验。

温尼科特把促进小孩的情感发展当作个人精神治疗的目标，包括培养良好的感受能力、认识外在与内在现实的真实意义，以及整合个人的人格。这些早期情感中的美好经验是培养道德感、责任感等积极个性品质的基础。孩子应该在早年体会到：自己的需求或冲动是合理的，是会得到满足的；自己感到满意，长大后才能体谅别人的需求；承担自己的责任，照顾他人，帮助他人。对一些反社会型犯罪人员的研究也发现，这些人缺乏对他人的体谅和关怀，恰恰是自己在早年时缺少积极的情感回应。

---

① 唐纳德·W. 温尼科特. 妈妈的心灵课：孩子、家庭与外面的世界［M］. 赵悦，译. 海口：南方出版社，2011.

怎么促进孩子积极的主观体验？温尼科特强调"抱持环境"对于情感发展的重要性，母亲或类似母亲的角色在"抱持环境"中发挥着不可替代的作用。由于他也是儿科医师的缘故，他特别强调哺乳、断奶、换尿布等一系列早期喂养行为的心理学意义。他认为，如果母亲能在孩子出生之后足够长的一段时间里，将全部的注意力都投向小婴儿，忘掉自我，跟孩子融为一体，直到双方都觉得彼此是完整的个体，那么孩子的情感发展就会朝向健康的方向，并为日后的独立生存奠定基础。[①] 这种早期母婴关系的特点是他理论思想的核心，也是他解释多数精神健全的人何以能过上幸福生活以及少数人何以会罹患精神疾病的关键所在。

在促进孩子积极情感体验的同时，温尼科特和塞利格曼都没有忽略负性情绪体验的积极意义。塞利格曼认为，儿童需要失败，需要感觉悲哀、不安及气愤，如果减少必要的悲哀及焦虑，会增加孩子罹患抑郁的风险。[②] 温尼科特同样肯定了这些所谓"负面"情绪的积极作用，例如婴儿因悲哀而产生的哭泣，恰恰是需要允许和陪伴的，这样才能帮助婴儿发展出承受挫折并从挫折中复原的能力。此外，温尼科特更进一步地看到，孩子行为问题的背后是焦虑、悲伤、攻击性等情绪在起作用，这样就能更好地理解孩子所谓的"问题行为"，不再把症状看作是需要祛除或治疗的"病"，而是把它当作小孩该有的"正常"问题，进而透过行为的表象关注他们想借此表达的内心愿望或冲突。[③]

三、温尼科特的理论深入探究积极个性特质的形成过程

积极的个性特质是积极心理学研究的另一个重要层面。赛利格曼与他的工作团队一起，在阅读大量宗教和哲学著作的基础上，归纳出了获得幸福所需要具备的 6 个美德、24 种优势。比如智慧与知识这一美德，包括好奇心、喜爱学习、判断力、创造性、情商、洞察力等 6 种优势。除了对 6 个美德、24 种优势进行界定和描述，赛利格曼还制定出简便易行的量表对其进行测量，并收集大量数据以研究这些特质的根源和效果。

温尼科特没有像赛利格曼那样全面地描述和探究人类所有的积极个人特质及其形成过程，但他关于如何培养道德感、责任感、独立性、关怀能力、创造力的观点深入人心，不仅让我们了解到很多精神问题产生的根源，也让我们清楚该怎么养育一个健康、幸福的孩子。例如，温尼科特认为，焦虑和罪恶感的出现是培养责任感和道德感的前提。在小孩六个月到两岁期间，母亲要用慈爱担待孩子脑海中兴起的攻击和毁灭的冲动，以及随之而来的一系列暴力行动，并在情绪上得以"幸存"，即不感到焦虑或崩溃，继续以母亲的角色存在，这样孩子就可以满意地融合"毁灭这个客体的同时又爱着这个客体"的念头。这个过程会让孩子产生特殊的焦虑，即罪恶感。这种产生罪恶感的

① 唐纳德·W. 温尼科特. 妈妈的心灵课：孩子、家庭与外面的世界［M］. 赵悦，译. 海口：南方出版社，2011.

② 马丁·塞利格曼. 教出乐观的孩子［M］. 洪莉，译. 杭州：浙江人民出版社，2013.

③ 唐纳德·W. 温尼科特. 妈妈的心灵课：孩子、家庭与外面的世界［M］. 赵悦，译. 海口：南方出版社，2011.

能力，恰恰是道德感和责任感发展的源头。

创造力是温尼科特非常看重的个性特质，他认为有创造力的感觉比什么都更让人觉得人生是值得活下去的。他对创造力的界定，并非仅仅局限于创造出广受赞扬的杰出作品，而是更广义地指人在面对外在现实时保有的一种兴味盎然的生存态度。对于如何培养创造力，他高度肯定了游戏对于小孩或成人的创造力和人格展现的重要作用。他认为，游戏既是创造力存在的持续证明，也是灵感源泉不断涌现的平台。在临床工作中，他也发展出了独特的游戏治疗的方式，如和孩子一起在咨询室中涂鸦；而在临床工作以外，他更是就游戏提出一系列的概念，如过渡客体、过渡现象、文化体验等，来阐释游戏与创造力的关系。

四、温尼科特的理论非常强调积极社会关系的促进作用

积极心理学在群体的层面上，研究使个体成为具有责任感、利他主义、有礼貌、宽容和有职业道德的公民的社会组织，包括健康的家庭、关系良好的社区、有效能的学校、有社会责任感的媒体等。在温尼科特的理论中，重点关注的是健康的家庭对积极情感和个人特质的作用，而家庭关系中，第一重要的，即母婴关系的质量。

在谈到母婴关系时，不得不提到温尼科特理论中一个非常重要的概念，即"足够好的母亲"（good enough mother）。他认为，一个"足够好的母亲"会让婴儿觉得自己是世界的创造者——当婴儿饿了的时候，一个乳房恰好出现在他的面前。久而久之，婴儿的内心会出现这样的一种错觉：乳房是他自己创造出来的，他可以任意控制这个乳房的出现和消失，从而获得一种无所不能的夸大感受，即主观全能感。这种主观全能感是婴儿感受外在世界的基础，也是自体得以健康发展的前提，因此不能过早被破坏，要维持足够长的时间。但随着母亲不能及时地喂奶，或没有及时给婴儿换尿片，婴儿的全能感会逐渐被打破。在这个时期，婴儿把不好的、坏的感觉都投射到乳房上去，把好的感觉留给自己，这时婴儿对母亲的情感处于分裂的状态。如果母亲能温柔地对待孩子的攻击冲动和行为并得以"幸存"，孩子就能逐渐整合对母亲"既恨又爱"的情感，形成一种稳定的、真实的自体感受，并创造性地认识外部世界。在这里，需要强调的是"恰到好处的挫折"以及"抱持性的环境"。所以，"足够好的母亲"并不是完美的、不会令人失望的母亲，而是既能满足孩子的全能感需求，又能在孩子经历挫折后提供抱持环境的母亲。[①]

在"足够好的母亲"这一概念的基础上，温尼科特强调，在治疗的过程中，治疗师最重要的就是给患者提供一个抱持性的环境，在这个环境中，患者会自发地通过游戏的能力来发挥创造性，达到自愈。无数新手咨询师从"足够好的母亲"中得到启发和帮助，无数新手妈妈的焦虑和茫然无措在"足够好的母亲"中得到缓解和力量。学校

① 唐纳德·W. 温尼科特. 妈妈的心灵课：孩子、家庭与外面的世界 [M]. 赵悦，译. 海口：南方出版社，2011.

教育和社会教育也可以借由这一概念思考：如何营造抱持性的教育环境？可以允许环境中的每一个都能自由地展现独特的生命力。如何担待受教育者的挫折、失败甚至是攻击？帮助他们将这些复杂的情感整合起来，发展出对他人、对环境信任的能力。

温尼科特也谈到父亲在家庭中的作用，认为父亲的存在可以令母亲放松，或将母亲暂时从与孩子的复杂情感关系中解救出来，这也有利于孩子发展出更多向的与其他家庭成员的联系。在学校教育方面，老师和学生的关系是影响与受影响的关系，实际上也是一种爱的关系。幼儿园老师在学校暂时充当了母亲的角色，为孩子的心理发展提供促成性的环境。

为了满足不同类型孩子的不同心理需求，教育需要进行分类诊断，而后提供个性化的教育方式。无论是家庭还是学校，都应该满足孩子对稳定性的需求，否则他们会转向社会寻求稳定性，进而发生扰乱社会治安的行为；而实际上，一些所谓反社会的行为有时候只是一个求救讯号，寻求强壮、慈爱、有自信的人来管教他。当然，不同的理解就会导致不同的反应方式，而深入的、积极的解读会引导孩子向着更健康、更具创造力的方向发展。

参考文献

［1］马丁·塞利格曼. 真实的幸福［M］. 洪兰，译. 沈阳：万卷出版公司，2010.

［2］唐纳德·W. 温尼科特. 妈妈的心灵课：孩子、家庭与外面的世界［M］. 赵悦，译. 海口：南方出版社，2011.

［3］马丁·塞利格曼. 教出乐观的孩子［M］. 洪莉，译. 杭州：浙江人民出版社，2013.

家校合作在大学生心理危机预防与干预中的实践探究

中国西部经济研究中心　　　肖　霄
心理健康教育中心　　　黄　燕

摘　要：大学生心理危机预防与干预中，家校合作具有理论、法律和实践的重要意义，也是工作的重点和难点。家校合作在大学生心理危机预防与干预中存在认识偏差、制度保障不足、缺乏合作平台等问题。所以，实践中必须促进中小学与高校在家校合作工作的衔接和连续性，搭建合作平台促进多种渠道的家校合作，把握心理危机不同阶段的家校合作重点，有效开展心理危机预防与干预，促进学生的身心健康和全面发展。

关键词：家校合作　心理危机预防与干预　工作路径

大学生一直是全社会较为关注的群体，一旦发生重大危机事件，不但会危及自身或他人的生命安全，还会对当事人及其家庭、其他同学乃至整个校园的和谐稳定都带来巨大而深远的影响。因此，大学生心理危机的预防和干预工作一直是高校心理健康工作的重点之一。而家校合作则是这项工作的重点环节和工作难点。家庭在心理危机预防和干预工作中的参与程度和配合度直接影响工作效果。因此，进一步强调家校合作的重要性，分析开展过程中的难题，提出加强家校合作的工作路径，对完善大学生心理危机预防与干预工作机制，维护和促进大学生的身心健康和全面发展有着十分重要的意义。

一、家庭参与高校心理危机预防与干预工作具有十分重要的意义

（一）家校合作是现代教育的必然要求

家庭教育和学校教育对学生的成长发展都非常重要。进入高等教育阶段，尽管学生已逐渐步入成年，但在经济、思想和心理上，都还远未达到独立自主的水平，仍然需要家庭提供支持。所以，不能简单认为子女进入大学就交给了学校，教育只是大学的事情。大学教育需要家庭与学校双方合作，建立伙伴关系，共同参与学生的教育。高校和

家长都应转变观念，使家长主动参与、介入到子女的教育中来。而且，要拓展家校沟通的范畴，不仅要共同关注学生的学业、经济和生活方面，还要树立全人发展的理念，关注学生的情感、情绪、抗压能力等心理状态。

（二）家庭是大学生社会支持的重要来源

社会支持对心理健康具有积极的促进作用，大学阶段是心理问题的高发期，充足的社会支持能有效降低心理危机的发生率。家庭是学生重要的社会支持系统来源，它所提供的情感和经济支持是大学生维系心理健康和应对压力，甚至是取得成功的关键。增强学校与家长的交流沟通，及时从家长一方获得学生的心理变化情况、家庭突发事件、身体突发疾病等状况，可以使学校及时提供支持和帮助，避免或及时干预学生心理危机发生。家长及时通过学校了解大学生在校的心理变化，在危机事件发生时给予来自家庭的支持，能更好地帮助学生化解和渡过危机。

（三）法律要求家长参与大学生心理危机干预过程

心理危机有时是与精神疾病或人身安全密切相关，干预过程中需要使用的一些手段，比如转介、入院、陪护等，需要家长作为监护人直接参与和签署意见。特别是《中华人民共和国精神卫生法》颁布以后，对监护人参与到精神疾病的诊断、医治过程赋予了更多参与的要求。根据法律规定，学校和教师应该及时告知家长或监护人学生存在的心理问题。此外，在涉及伤害自己或伤害他人的心理危机事件时，也需要学校和家长保持密切联系和合作，共同商讨制定干预方案，以免出现不必要的法律纠纷。

（四）家庭心理干预是大学生心理危机干预的重要方法之一

在家庭心理干预的理论中，有三种基础理论：一是系统理论，强调家庭内是一个系统，心理干预不能只针对某个家庭成员的心理问题，而要处理家庭成员的关系，调整和改善关系对解决心理问题有帮助；二是交往理论，强调通过改善家庭成员间的交流，改善整个家庭来促进某个成员的问题的改变；三是角色理论，强调是特定的家庭角色使之成为被家庭确认的"病人"。[①] 基于这些认识，可以认为，解决大学生心理问题不单单是解决大学生个体自身，还要把家庭成员、家庭成员的关系纳入治疗的范畴，随着家庭其他成员的转变和关系的改善，学生的心理问题也将随之获得解决。

---

① 李国强. 国外家校合作开展心理健康教育的特点及启示 [J]. 中国家庭教育，2009（2）：42.

二、目前大学生心理危机预防与干预中开展家校合作存在的难点

（一）在认识上对家校合作在大学生心理危机预防干预中发挥的作用存在偏差①

1. 高校方面

尽管越来越多的高校学生工作者认识到家校合作对心理危机的预防与干预具有十分重要的意义，但仍然存在一定的偏差。有些校方为了规避风险和责任，一旦发现心理危机，就想方设法让家长把学生带走，而没有综合考虑各种因素，跟家长一起商讨制定最利于学生治疗、康复和长远发展的解决方案。有的则认为跟家长联系沟通不一定有效果，还可能增加不必要的麻烦，不如学校或老师想办法帮学生解决问题方便，忽略了家长作为学生的监护人拥有对其心理状况的知情权，也有责任帮助学生成长。还有的是对学生的心理危机严重性认识不足，没有认识到家长参与的必要性，尤其当学生抗拒联系家长的时候容易妥协，往往导致危机恶化，难以应付。

2. 家长方面

部分家长对学生的心理疾病采取回避或抗拒的态度。当学校与其沟通其子女出现的心理问题时，有一些家长出现抵触情绪和怀疑、否认的态度，也缺乏来学校带子女接受医院诊断和治疗的主动性和积极性，这样不但可能延误病情，还可能给学生或他人造成伤害。还有一些家长，因为担心影响孩子的求学，对子女的既往病史或入学前的心理危机情况隐瞒，使学校无法提前做好危机预防工作。心理危机中家长的隐瞒和不配合，还会为干预工作增加巨大成本。

3. 学生方面

出现心理问题的学生，性格一般非常敏感，与家长的沟通和关系也或多或少存在问题。在危机情境下，受激烈情绪或疾病本身的影响，往往拒绝主动告诉家长，也不能理解老师与家长之间的沟通，不愿配合。有些学生认为学校泄露信息给家长，侵犯了其个人自由，产生抵触情绪。有些则担心让家长知道会受到批评、责骂，或给家长增添麻烦。出于这些原因，有些学生出现问题首先求助的往往不是家长或学校，而是选择独自承担或告诉同伴。

（二）大学生心理危机预防与干预中的家校合作的制度和平台建设不足

目前的家校合作很多停留在出现危机后，学校与家长协同处理危机的实践层面，靠经验办事，随意性比较大；缺乏应有的明确的目标、制度、流程为依据；缺少规范的界定参与主体——学校、家长、学生，各方的责任、义务和参与方式。学校也缺少充分的家校合作工作平台。

---

① 余洁. 论大学生心理危机干预及家校联动机制的建立［J］. 长沙铁道学院学报（社会科学版），2012（1）：246.

（三）大学生心理危机预防与干预中的家校合作不够日常化和规范化

根据实际情况可以发现，往往在学生发生了一些重大的意外情况后，学校和家长才会联系，比如学生遭遇重大学业处理、突发心理危机事件、严重违反校规校纪乃至触犯法律等。家校合作发生具有较大的临时性、突发性、随意性、被动性等特点。[①] 沟通往往是针对学生危机事件，以书面通知、电话交谈或会面为主。一旦问题暂时或表面上得到解决，家校合作似乎不再重要，就被忽略，被遗忘，直至下一次某个突发事情发生，而再次被启动。但是预防和干预大学生心理危机，进而促进学生成长，需要的是一种长期的、日常化和规范化家校合作，而不仅是一项为某个单一危机事件启动的应急措施。

（四）大学教育的特殊性给大学生心理危机预防与干预中的家校合作带来困难

目前，各大专院校都是面向全国招生，学生来自五湖四海，离家较远，学校与家长集中性的面对面沟通只有新生入学教育和毕业典礼这两次机会，个别沟通也只限于学生突发意外事件的情况下。而在漫长的大学四年里，学生面临着各式各样的学业、人际、情感、就业的困惑和压力，家校之间没有机会和平台进行及时的沟通和充分的讨论。

从身心特点上来看，大学生正处于从青少年期向成人期的转换阶段，独立和依赖并存。学校和家长既要注重学生独立精神的培养，又要给予应有的支持。所以在参与大学生的心理危机预防和干预中，家校双方都需要不断权衡参与介入的利弊、时机、方式等，使家校合作变得更为复杂。

此外，高校资源有限，专业课教师承担着较重的教学和科研任务，主要关注专业教育；而每一个学校辅导员一般都负责学生两百人以上，还要兼任多种行政工作。数量众多、空间距离较远、家庭情况多样、社会环境复杂等客观条件使得实施家校合作面对巨大的挑战。高校的心理咨询工作者在面对发生心理危机的学生时，可以比较深入地了解学生的心理状态，易于与家长沟通，但在具体干预过程中，涉及学校管理制度、学院意见等，往往也存在很多困难。

三、大学生心理危机预防与干预中加强家校合作的工作路径

（一）在认识和行动上，重视家校合作在大学生心理健康教育工作中的作用

首先，高校和相关部门应该调整认知，高度重视家校合作在大学生心理健康教育中的重要作用，成为家校合作体制中的主导方，从制度、平台、经费、人员等多个方面给予支持。在美国，1945 年美国心理学会成立以后，服务对象从以学生为主，扩展到家长、教师和学生监护人等。[②] 政府会给学校提供资金建设家庭资源中心，为家长提供咨

① 李斌，邵蕊. 家校合作在大学生心理危机干预中的作用研究 [J]. 北京教育（德育），2012（4）：5.
② 庞海波. 美，英，法学校心理健康教育及启示 [J]. 湖南师范大学教育科学报，2010（5）：112.

询、培训、保健等服务，通过提高家长的心理健康水平间接地促进学生心理健康。[1] 当然，如果大学生出现心理危机，也会将家庭干预作为环境干预的一个重要切入点，通过改善整个家庭的功能间接促进学生心理危机的解决和康复。

其次，相关教育管理部门和高校要加大心理健康知识和理念的宣传力度，使家长和学生都充分认识到家校合作在预防学生心理危机和提升学生心理素质中的作用。并通过制定规章制度、完善体制机制、给予人财物保障等多种方式，不断增强对大学生心理危机预防与干预中家校合作的重视程度。让家长明白，学校不是需要警惕、防卫、斡旋的对手，而是跟自己一样希望培养子女成长成才的合作伙伴。让学生清楚，家长不是学校搬来的救兵，而是一直关爱自己和保护他的人，即使自己犯了错误或状况不佳；学校也不是只想着甩掉包袱、推卸责任，而是会尽力考虑办法、整合资源，帮助自己解除危机，恢复正常。

（二）增强中、小学阶段学生心理危机预防与干预中的家校合作意识，促进与高校的衔接和连续性

大量的高校心理健康工作显示，许多入校后发生心理危机或产生心理问题的大学生，往往可以从高中、初中阶段找到线索，有的甚至已经出现焦虑、强迫等症状，以及自伤或伤人的行为，但因为程度不严重或迫于升学压力，没有被重视和解决。进入大学这个新环境后，在新的适应性要求下，特别是多元价值观、选择的多样性、学习方式转变、同学群体差异化增大、外部信息增多等多方面因素的冲击下，容易导致原有心理问题的加剧或集中爆发。

高校学生工作者往往缺乏学生在中、小学阶段的成长状况和心理健康水平相关信息，因此难以有针对性地做好预防工作。所以，教育管理部门要进一步加强对中、小学学生心理健康工作的重视，特别是在中、小学阶段心理危机预防与干预中强化家校合作，尽早帮助学生解决心理问题，培养家长关注学生心理健康的意识和参与学生心理危机预防和干预的能力，为高校开展家校合作奠定良好基础，使家长有更强的意愿和主动性参与到大学阶段学生心理危机预防和干预中来，达到家校合作的连续性和长效性。

（三）搭建家校合作平台，尝试多渠道的家校合作方式

在大学生心理危机预防与干预工作中，要想使家校合作日常化和规范化，需要提供一个稳定且有效的平台，无论什么时候家长和学校有对话的需要，都可以找到渠道。在中小学教育阶段，在美国和日本有"家长教师联合会"（英文简称PTA），在中国有"家长委员会"，都是促进家校合作的重要平台，一直都在维护学生的心理健康、干预心理危机方面起着切实的作用。目前在国外，大学也设立起类似的机构，比如美国西弗吉尼亚大学技术学院专门开展了"家长伙伴计划"，该计划中有大量内容涉及如何调动家长力量介入对大学生的心理教育与辅导。[2] 但在中国，鲜有高校成立专门的组织或平

---

① 吕婧. 从宏观到微观：国外学校心理健康教育模式的启示 [J]. 教育导刊，2012（6）：69.
② 李国强. 国外家校合作开展心理健康教育的特点及启示 [J]. 中国家庭教育，2009（2）：41.

台。大部分高校都是在学生出现重大心理危机之后联系家长，与家长的集中联系也仅限于新生家长会；家长方面，只有少数会在发现学生有心理问题时主动联系学校，请求学校介入，共同帮助学生渡过难关。

在未来的工作中，一方面，要充分运用现有机会和资源，强化家长参与大学生心理危机预防与干预工作的意识。如利用新生入学的时机，专门针对大学新生家长进行有针对性的短期心理危机知识培训，以此加强与学生家长的沟通，增强和提升家长的参与意识与能力。另一方面，可以尝试在学校和学院层面设置家长留言或家长咨询信箱，召开学生、家长、老师三方座谈会，建立家长委员会等方式，使家长定期与学校沟通，了解学校的培养政策，交流学生的成长动态，并使之成为家长与学校的桥梁。在沟通渠道方面，可以灵活采用 E- mail、QQ 群、微博、微信、论坛等现代信息技术，使家校合作更加灵活、开放、经济、便捷。

（四）根据心理危机发展变化的进程，有所侧重地实施不同的家校合作策略

为了突出每个阶段的工作重点，笔者将从心理危机预防阶段、心理危机预警阶段、心理危机干预阶段和心理危机后的康复阶段，来分别阐述家校合作在这四个心理危机管理阶段的侧重点和具体实施策略。

1. 心理危机预防阶段，家校合作重在双向沟通和增强意识

在危机尚未发生时，工作的重点是预防。积极有效的预防使很多心理问题得以面对和解决，不会累积爆发为心理危机事件。近年来，各个高校在工作实践中已经积累总结了大量心理危机预防的经验和方法，例如通过新生心理普查和定期排查等方式确定重点关注对象，针对高危群体开展团体咨询、个别谈话等。由于提早做了预防性工作，这部分学生往往不会爆发特别严重的心理危机；发生严重心理危机事件的往往是并未列入关注范围的学生，分析这些学生的特点发现，他们一般存在较为隐蔽的心理问题，如早期成长经历中的负面经验，或人格特质中的脆弱性。

如何发现大学生隐蔽的心理问题，往往是心理危机预防工作的重点和难点。一方面，需要通过学校辅导员了解学生的家庭状况，除了可以通过查看学生档案单向的了解外，还要建立与家长的密切联系，经常与家长沟通学生情况，比如了解家长对学生的期望、学生特点、家族病史、自杀史、身体和精神疾病史等，并把学生在大学的情况向家长汇报，保持交流双向畅通和信息对称。另一方面，要引导和教育家长，让家长认识到心理健康对学生成长成才的重要性，了解学生的心理发展特点及每个阶段所面临的成长任务和压力，争取家长给学生提供充足、有效的情感支持。

2. 心理危机预警阶段，家校合作重在有效评估和早期干预

当学生已经呈现出一些心理问题，但还没有发展到危机的程度时，就处于心理危机预警阶段了。这一阶段的工作重点是有效的评估和有效的干预，使问题不至于进一步恶化。有效评估的一个重要保障是需要收集全面、具体、准确的信息，不仅要了解当事人的认知、情绪和行为状况，还要从室友、亲密朋友、老师和家长的角度了解当事人的情况，综合起来才能做出准确、有效的判断。家长往往是与学生关系最密切的人，掌握的信息往往最深入和全面，所以，这个阶段跟家长沟通非常必要和重要。

需要注意的是，在危机预警阶段，事态倾向并不明朗，所以与家长沟通时非常需要经验和技巧，既要能澄清问题、收集信息，又不至于引起家长恐慌或过激反应。校方要保持严谨、沉稳的态度，尽量客观地反映学生当前的心理状况，强调家长积极配合和全力支持的重要性，根据每个家庭的实际情况和面对危机时可用资源的多寡，提出早期干预的方案和策略，必要时建议家长带学生到相关医疗机构进行专业的评估和诊断。

3. 心理危机干预阶段，家校合作重在医疗介入和依法处理

心理危机干预阶段是指心理危机事件正在发生过程中，如学生已实施了自杀行为或有详细的自杀计划，或者突发精神异常等。这个阶段工作重点是医疗介入和依法处理。《精神卫生法》规定，教师有责任告知家长或监护人学生的心理状况，所以在心理危机事件发生后，要第一时间联系家长，告知实情。如果情况危急，需要马上送学生到医疗机构进行救治，而家长因路途遥远等原因无法即刻到校，学校要持有家长或监护人的委托材料，或请求公安机关的帮助，将学生送至医疗机构。

家长到校后，要依照学校的管理条例，履行请假、休学等手续。校方的心理咨询工作者可根据自己的专业知识和经验，与家长商谈学生的情况，使家长对学生出现的精神疾病或心理状态有一些初步的了解，认识到就医治疗的重要性，希望家长给予学生充分的理解和支持，协助或督促学生在治疗过程中遵医嘱服药、定期复查，必要时由家长主导强制进行住院治疗。学院学生工作者可以从学业、就业和管理的角度，强调心理问题的解决对学生长远发展和生活幸福的重要性，引导家长重视学生的心理健康和全面发展。

4. 心理危机后的康复阶段，家校合作重在改善环境和提供支持

心理危机事件发生之后，如果被确诊为精神疾病，专业的医疗干预可以快速、有效地缓解表面症状，自杀或自我伤害行为也会通过住院治疗、家长24时陪护等得到控制。这一阶段要注重通过环境干预和社会支持系统的重建，同时辅以心理咨询，提高学生的心理调节能力和耐挫水平，从根本上帮助学生解决问题。而在环境干预和支持系统重建方面，家庭发挥着重要的作用。如果家长和学生选择休学在家调养，家庭的影响就更大。但在目前的中国，大部分家长往往缺乏心理方面的知识和意识，所以学校要反复强调持续治疗的重要性，必要时建议整个家庭接受系统性的家庭咨询。如果学生有能力继续在校读书，要根据实际情况实施家长陪读、接受心理咨询、辅导员关注等不同的策略。学校需要与陪读的家长保持经常性的沟通，除了收集掌握学生情况外，也给予家长支持和帮助。加强与家长的沟通、协作，使家校双方始终为了同一个目的——学生的健康成长而共同努力。

参考文献

[1] 李国强. 大学生心理健康教育家校合作的影响因素与对策分析 [J]. 当代教育论坛, 2009 (1)：82-83.

[2] 李斌, 邵蕊. 家校合作在大学生心理危机干预中的作用研究 [J]. 北京教育（德育）, 2012 (4)：56-58.

[3] 余洁. 论大学生心理危机干预及家校联动机制的建立 [J]. 长沙铁道学院学报（社会科学

版），2012（1）：246-247.

[4] 王永铎. 大学生心理危机预防与干预体系的建设 [J]. 河南科技学院学报，2010（9）：116-118.

[5] 吕婧. 从宏观到微观：国外学校心理健康教育模式的启示 [J]. 教育导刊，2012（6）：67-70.

[6] 庞海波. 美，英，法学校心理健康教育及启示 [J]. 湖南师范大学教育科学学报，2010（5）：112-115.

[7] 李国强. 国外家校合作开展心理健康教育的特点及启示 [J]. 中国家庭教育，2009（2）：40-43.

积极心理学理念下的高校心理危机预防

心理健康教育中心　　　宋晓莉　黄　燕

摘　要：高校心理危机预防工作是高校心理健康教育工作的重要内容。文章从课堂教学设计、校园心理文化建设、朋辈力量发展、咨询潜力挖掘等方面入手，在积极心理学的视角下，探索高校心理健康教育工作，特别是危机管理工作的新思路，探讨减少、化解大学生心理危机的新途径。

关键词：积极心理学　高校　心理危机　预防

近年来，高校自杀、杀人、伤害他人等不同恶性程度的心理危机事件频发，给学校、家庭、社会都带来了极大的冲击，让高校心理工作如履薄冰。传统的心理健康教育注重问题解决，强调情绪、疾病等的负面影响，但这样并未有效抑制心理问题。高校心理健康教育模式目前还比较被动，存在对象缩窄、目标偏向、方法单一的弊端。本文将以积极心理学理念为背景，讨论高校心理健康教育工作，寻找减少及化解大学生心理危机的策略。

一、积极心理学的基本内容

积极心理学（Positive Psychology）被定义为，"研究有助于发挥人、团体和机构的最佳状态或功能的条件和过程的一门科学"[①]，它关注积极的主观体验、积极地个人特征和积极的机构与社团，希望提高人们的生活质量，预防由于无所事事或缺乏意义的生活而引起的病理状态。[②] 积极心理学是研究人类的力量和美德积极方面的一个心理学思潮。与以往心理学多关注问题、关注病理状态不同，它是从问题导向到健康关注的重大转变。积极心理学的理念归纳为如下几个方面：

---

① SELLY L. GABLE, JONATHAN HAIDT. What（and Why）is Positive Psychology [J]. Review of General Psychology, 2005, 9（2）: 103–110.

② 李江雪，魏晓丽，申荷永. 积极心理学运动发展的回顾与启示 [J]. 成都航空职业技术学院学报，2012，12（4）: 10–13.

（一）积极的情绪与体验

积极心理学的核心目标是帮助人们获得幸福和主观幸福感，积极的情绪被划分为分别与过去、现在、将来相关的三类。它们为人们提供创造更好关系和显示更强生命力的机会，帮助人们以全新的视角看待自己、他人及世界。以积极心理学的视角来看，通过一些具体的行动、体验可以获得积极的情绪①，这一观点与心理咨询中认知行为疗法中情绪与行为的关系是一致的。

（二）积极的个人特质

积极心理学认为自主、能力、关系三种先天需要得到满足时，内在动机最可能发生。当内在的动机被激发，幸福感得以获得，潜能得以进一步发挥，进而推动社会的发展。积极心理学具体研究了包括爱、乐观、交往技能、美德等 24 种积极个人特质，善良、公平、真实、感恩和能接受新思想是广为认同的个人特质。

（三）积极的社会环境

积极心理学认为，个体本身与其积极体验及积极人格的形成过程密切相关，但是个体生活的外在环境对积极体验与积极人格的形成也至关重要②，中国传统文化中众多典故也从类似的角度支持此观点。

二、大学生心理危机成因及预防现状

心理危机指当一个人面临的突然或重大生活困境超出个人所能承受的范围时所产生的暂时性的心理失衡状态。大学生作为一个年轻的特殊群体，近年来媒体的相关报道加强了人们对这个群体心理危机的关注。对于心理危机最严重的后果之一——自杀，有相关研究资料表明，大学生自杀率高于一般青年。③ 结合相关研究及高校工作经验总结，大学生出现心理危机通常有家庭因素、环境因素、个体因素、突发事件因素等几种因素交互作用引发。

大学生心理危机管理包含预防与干预两部分。随着社会的发展，高校对心理健康工作、尤其是危机管理工作越发重视。在制度上，2011 年教育部就颁布了《普通高等学校学生心理健康教育工作基本建设标准（试行）》，对高校心理健康工作进一步进行要求。按照相关要求，各高校需要有专门的心理健康教育和咨询机构，按一定比例配置专兼职心理教师，开展新生普查、心理健康教育及咨询工作。对于心理危机管理，实施学

---

① 张澜. 心理学发展的新视野积极心理学——试述积极心理学对高校心理健康教育的启示 [J]. 辽宁行政学院学报，2010，12（7）：100-106.

② 余乐. 积极心理学与突发性公共卫生事件的干预研究 [D]. 南昌：南昌大学，2011.

③ 谢念湘，赵金波，佟玉英. 积极心理学视角下的大学生心理危机预防 [J]. 学术交流，2011，10：206-209.

校—学院—学生三级心理危机预防及干预网络。很多学校还将校医院、宣传部、团委、后勤、学生工作部等部门纳入相关体系，成为危机预防与干预的重要力量。但这样的危机管理工作还停留在危机发生后积极处理的阶段，仍是"问题"取向，仍停留在"救火"阶段。如何将危机管理前置，少出现，甚至不出现问题，成为高校心理危机管理工作的难点。

三、积极心理学视角下的大学生心理危机预防

过度的关注"问题"，忽略"力量"，如同"习得性无助"一般，让学生无法看到自己积极的一面。从积极心理学理念来看，发掘大学生自身积极的因素，从"无助"到"有助"可以从如下几个方向着手：

（一）发挥课堂教学主渠道作用

根据《普通高等学校学生心理健康教育工作基本建设标准（试行）》规定，各高校必须将心理健康课程设为必修课，让每个学生都有学习心理健康课程的机会，将积极心理学的理念传达给每一个学生。从内容设计上，心理健康课程可将快乐生活、健康成长、潜能开发，乃至生命教育等作为课程的主要内容，鼓励学生自我探索，自己寻找应对失败挫折的办法，真正获得属于自己的幸福的定义。从形式设计上，采用讲授、讨论、实践、展示等多种方式，充分调动学生的积极性、主动性和创造性，充分相信学生的潜能，在充分贯彻积极心理学理念的同时帮助学生从被动接收到主动摄取，真正实现快乐学习、幸福成长。从教授方面，授课教师通过自身所展示出的力量、勇气、乐观、信仰、希望、坚忍等优秀个人品质，将积极心理学的理念进一步强化。同时，突破心理健康课堂教学本身，将积极心理学的理念纳入整体的教学活动中。当专业课教师都运用更加开放、更为欣赏的眼光去看待学生，看待他们的潜能、动机和能力。对学生而言，被信任、被尊重、被重视等积极感受更能够激起存在于自身的积极心理学所研究的那24 种美德，提升自身的幸福感，降低心理危机的发生。

（二）提升校园积极心理氛围

校园文化建设对于学生心理健康发展有着极为重要的影响。通过微信、微博等新媒体，及心理健康杂志等平面媒介为载体进行宣传，让学生全方位、立体了解积极心理学并能逐渐将这些理念运用于实际。以"5.25"大学生心理健康月、"10.10"世界精神卫生日、感恩节等特殊日子为重要契机，以丰富多彩的宣传手段、寓教于乐的活动，充分调动学生参与的积极性、发挥学生的创意与才能，为学生提供展示平台，在宣传积极心理理念的同时让学生充分体验和感受，不断将所获所学运用于生活并影响身边的同学，使积极心理学不断渗透到学生的日常生活之中。通过学习、培训、会议等形式，向辅导员、学生骨干、寝室长等不断强化积极心理学理念，并由他们将这些理念在班会、

班团活动，乃至日常交流及工作开展中充分运用，使积极心理逐渐渗透到每一个班级、每一个寝室、每一个学生。

（三）发挥朋辈积极力量

学生社团是大学校园一股重要的朋辈力量，在校、院不同层级成立心理社团，由专职教师指导，广泛开展各类心理活动，发挥社团活动的积极力量、激发学生潜能，将积极心理学理念渗透到组织与参与活动的学生生活之中。朋辈咨询是高校心理咨询工作的重要补充，通过专业培训，使朋辈咨询员了解积极心理学理念及基本的沟通技巧，通过电话、网络、面谈等形式，为大学生提供相应的空间通过同伴的支持缓解负面情绪、探索解决办法、发掘自身潜力及有利资源。助理辅导员也是高校对于发掘学生潜能的重要形式之一，对于助理辅导员本身及所带学生都有着积极意义：一方面是对高年级学生自身能力的开发与挑战，另一方面也是给低年级学生主动求助、主动学习的机会。通过对助理辅导员的相关培训，在日常工作开展中一方面可以辅导员的角色，以积极乐观豁达的态度去处理一些事务性工作；另一方面可以同辈咨询员的身份，有更好的机会去倾听学生的困苦烦扰，以积极心理学理念去指导、帮助低年级学生，对于有效降低学生心理危机事件发生有着重要意义。

（四）挖掘个别、团体咨询潜力

既往个别、团体心理咨询多为"问题"取向，着眼于学生出了什么状况、怎么解决、可能有什么疾病。从更好预防的角度来看，可将咨询、特别是团体咨询视角转向怎样更好的了解、接纳、欣赏自己，怎样更加充分的激发、挖掘自己的潜能，如何发现并培养自己的 24 种美德等主题，让学生拥有更积极的自我印象，也学会去接纳、欣赏他人，从源头上减少心理危机的发生。

总之，在高校心理健康教育，特别是危机管理工作中，应充分运用积极心理学，不断发掘学生的潜能，以积极心理学的视角培养学生健康的认知与归因、积极的情感，教会学生更好地应对挫折与接受挑战，充分调动学生身上的积极因素，增强学生的自我调节与应对能力，更好地体验快乐和幸福，从源头上避免心理危机事件的发生。正因如此，将积极心理学的相关理念在高校心理健康教育工作中充分、合理地加以运用，对于有效预防心理危机的发生有着科学、积极、深远的意义。

参考文献

[1] SELLY L. GABLE, JONATHAN HAIDT. What（and Why）is Positive Psychology [J]. Review of General Psychology, 2005, 9（2）: 103-110.

[2] 李江雪，魏晓丽，申荷永. 积极心理学运动发展的回顾与启示 [J]. 成都航空职业技术学院学报，2012，12（4）: 10-13.

[3] 周嵌，石国兴. 积极心理学介绍 [J]. 中国心理卫生杂志，2006，20（2）: 129-132.

[4] 谢念湘，赵金波，佟玉英. 积极心理学视角下的大学生心理危机预防 [J]. 学术交流，2011，

10：206-209.

　　[5] 雷秀雅，高淑芳，赵威，张国栋. 大学生心理危机预防与干预工作的五个维度 [J]. 中国高教育研究，2009，1（1）：90-91.

　　[6] 王建国. 大学生心理危机干预的理论探源与策略研究 [J]. 西南大学学报，2007，33（03）：88-91.

辅导员在大学生心理危机干预中的
角色定位与能力

经贸外语学院　　　余　庆　邓天旭

摘　要：大学生心理工作是高校学生工作中的重要组成部分。做好心理危机干预工作对学生个人及家庭、学校意义重大。辅导员在心理危机干预中的角色定位和职业能力直接影响着心理危机干预的成效，本文拟从辅导员在心理危机干预中的作用出发定位角色，并探讨应具备的相关职业能力。

关键词：心理危机干预　角色定位　角色误区　职业能力

大学生心理危机事件不断增多，如何加强对大学生心理危机有效干预，保障学生的安全，已成为高校学生工作中非常重要的内容。高校辅导员作为学生工作战线的一线工作者，与学生接触最多，因此在大学生心理危机干预工作中需要辅导员发挥更加重要的作用。但是在传统意义中，辅导员主要是思想政治工作者，其日常工作的主要内容主要是教育、管理、服务，而现在的学生工作对辅导员有了更多的新的能力要求，如何提高辅导员界定辅导员在此之中的角色定位以及提高其能力显得尤为重要。

一、辅导员在大学生心理危机干预中的角色定位

（一）辅导员是心理危机出现的预防者

心理危机对学生的伤害巨大，甚至涉及生命安全，一旦出现心理危机情况，再去做干预工作将更加困难。因此在心理问题出现尚未发展到心理危机时做好相关工作显得尤为重要。预防心理危机出现可从两方面入手：一是做好心理知识以及学校相关工作的宣传。部分学生在入校之前对心理知识完全不了解，在自己出现心理问题时也不愿意主动寻求帮助，甚至认为是"丢人的事"。因此辅导员应通过班团活动、主题班会等向学生宣传心理知识、学校的心理工作情况，开展建立良好人际关系的教育，培养大学生树立良好的认知、拥有积极的情感体验和健康的生命态度，帮助学生建立健全的社会支持系统一旦如果发生生活应激时，学生能主动寻求帮助，可有效预防心理危机的出现。二是

虽然各高校在新生进校时会做大规模的心理测试，但是由于多种原因，心理测试的结果不能完全作为心理健康状况的唯一评价标准，很多心理危机隐患更具隐蔽性，这就需要辅导员去主动发现。辅导员作为学生工作的一线人员，与学生接触最多也最直接，应通过专业老师、班委干部、寝室成员等多渠道对学生心理健康状况进行摸排，实时掌握学生心理状态，对产生了情感问题、学业问题、就业问题、社会交往问题的学生及时给予帮助，疏导他们的负性情绪，争取将问题在发展到心理危机之前解决。

（二）辅导员是大学生心理危机的发现者

在做好心理危机预防工作的前提下，心理问题较为隐蔽，也难免会发展为心理危机。出现心理危机的学生往往会在言行、生理、情绪等方面出现异常表现，及时识别危机信号有助于尽早发现心理危机，将危害降低到最小。

1. 生理与心理方面

如出现失眠、头晕、食欲不振、胃部不适等症状；莫名奇妙地感到惊慌、恐惧与焦虑，否定自己，常提到死亡之类的事情。

2. 生活与学习方面

如生活习惯突然发生变化；沉迷于网络，对现实生活失去兴趣；成绩突然下滑却找不到原因；过分看重分数，对自己要求太高，而心理承受能力却较低。

3. 行为与情绪方面

个人缺少安全感、坐立不安，无法集中注意力，却不明原因；恋爱出现重大波折，难以走出阴影；出现妄想、自言自语等症状；行为或情绪改变非常突然和明显。[①]

辅导员应树立良好的危机意识，学会鉴别学生的异常表现，加强对学生干部心理知识的培训，一旦发现心理危机，辅导员应按照学校的心理危机干预流程，尽快做出反应。

（三）辅导员是大学生心理危机干预的全程参与者

1. 辅导员是大学生心理危机干预的先期处理者

心理危机往往是以意外事件的形式出现，在发现意外事件时，辅导员应第一时间赶到现场，一方面控制事态的发展，按照学校制定的危机处理流程上报信息，请求援助；另一方面等待学校其他危机处理人员的到来。

2. 辅导员是大学生心理危机干预中的协调者

在大学生心理危机干预过程中，有多种角色人员参与其中，包括家长、心理老师、专业教师、学校行政人员、宿舍管理人员、班级同学等，辅导员在此过程中需做好沟通和交流，合力解除危机。辅导员在家长来校前，需做好当事学生的人身安全保障工作，在修养期间及时和家长沟通了解学生在家治疗与恢复情况；辅导员需要配合心理老师对当事学生进行定期心理辅导工作，并在危机后的较长时间中对学生保持关注；辅导员需

---

① 姜丽红，马先明，顾艳霞. 大学生心理危机的早期发现和干预［J］. 湖北经济学院学报（人文社会科学版），2014（2）.

通过专业教师了解当事学生的学习状况，与专业教师协商帮助学生解决学业问题；对需要休学的当事学生，协助学生与学校行政人员办理休学等手续；通过宿舍管理人员、班级同学了解当时学生的生活情况，掌握课堂外的信息，为当事学生建立良好的心理恢复环境，并关注和及时疏导相关学生，防止心理危机事件对这些学生产生负面的影响。

二、辅导员在大学生心理危机干预中角色误区

（一）仅以思想政治教育解决心理问题

辅导员的主要工作是大学生日常思想政治教育，思想政治教育对引导大学生树立正确的世界观、人生观和价值观有着重要的意义。

但是在处理学生心理问题时，辅导员如果不会甄别心理问题与学生的思想态度问题，仅仅以思想政治教育的方式去解决，就会流于问题的表面，如出现学业问题仅仅是批评学生不认真学习；出现就业问题只是鼓励学生去主动寻找就业机会，教育他们先就业后择业等，而忽视了产生心理问题的根源，失去了发现心理危机的机会。因此在实际工作中，必须将思想政治教育与心理健康教育结合起来解决心理问题。

（二）角色越位

心理工作现已受到各大高校的重视，在学生工作中是重中之重，辅导员也经常参加心理咨询等方面的培训，掌握了一定的基本知识，但是与专业的心理老师比仍然有一定的差距。在学生出现心理问题时，辅导员可以进行前期的辅导，但还应该与学校专业心理老师沟通，一旦超出自己的能力之外应该及时转介，谨防越位，延误了心理危机干预。

三、提高辅导员在心理危机干预中的能力

如前所述，辅导员在心理危机干预中扮演着多种角色，因此提高辅导员的工作能力对增强心理危机干预的效果有重要的意义。

（一）提高辅导员的心理承受能力

心理危机干预工作责任大、强度大、持续时间长，当危机事件出现时，要求辅导员需要有快速的反应速度和心理压力承受能力。因此首先应该注重辅导员自身的心理健康，培养他们的良好的心理素承受能力，让他们感受到在心理危机干预工作中有一支队伍在支持，这样才能充分发挥他们在危机干预中的作用。

（二）提高辅导员的职业能力

学生产生的心理问题具有多样性，如就业问题、情感问题、家庭问题、人际交往问

题等，这也对辅导员能力提出了较高的要求。它需要辅导员是心理咨询师、职业规划师、社会化辅导师等。因此应组织辅导员参与心理咨询、职业规划等相关培训，通过培训让辅导员普遍掌握基础专业知识，并建立科学的辅导员队伍能力结构，让辅导员在某一职业能力方面具有专长，以便对学生进行相关领域的辅导，帮助其解决心理问题。同时，辅导员之间还应采用沙龙、危机演练的方式，提高危机处理的实践能力。

参考文献

[1] 沈文青，刘启辉. 高校辅导员在心理危机干预中的角色定位 [J]. 中国青年研究，2007 (11)：82-84.

[2] 姜丽红，马先明，顾艳霞. 大学生心理危机的早期发现和干预 [J]. 湖北经济学院学报，2014 (2)：162-163.

[3] 李建明，晏丽娟. 国外心理危机干预研究 [J]. 中国健康心理学杂志，2011 (19)：244-246.

[4] 蒋小忠，乔真真. 谈高校辅导员在大学生心理危机干预中的角色定位 [J]. 法制与社会，2009 (4)：285-286.

[5] 刘宁，徐其涛. 论高校辅导员在大学生心理危机干预中的作用 [J]. 当代教育论坛（校长教育研究），2008 (9)：31-33.

高校辅导员预防与干预学生心理危机的机制分析

经济信息工程学院　　王　霞

摘　要：辅导员作为学生心理危机最为直接的管理者和参与者，与学生接触时间较多，具有预防与干预学生心理危机的先天优势。为进一步提升辅导员预防与干预学生心理危机的能力，我们应该根据大学生心理危机"危机前—危机中—危机后"的演变进程，建立以大学生心理危机排查制度为重点的事前危机预防与教育机制，以快速联动的辅导员危机应急机制为主的事中危机干预与治疗机制，以社会支持系统修复或建立为主的危机后干预机制，有效促进大学生心理健康发展。

关键词：辅导员　心理危机　预防　干预　机制

一、问题的提出

随着现代社会、经济、文化的迅速发展，因学业、就业、情感、经济等所产生的心理危机，愈渐成为现代大学生心理健康发展的重要方面。其不仅直接作用于大学生的心理健康发展，而且作用于大学生生活、学习、生理等各个方面，甚至影响到整个校园环境的稳定。理论上，我们可在大学生心理危机多维研究的基础上，从心理危机预防体系构建、社会心理环境改善、价值观确立等方面，建立相应的预防与干预机制，如构建"学校—学院—班级—宿舍"的四级网络干预体系[①]；实践中，各高校在设立大学生心理健康中心的同时，也建立了相应的大学生心理危机预防与干预制度，如西南财经大学新生心理健康谱查制度。如何预防与干预大学生心理危机成为当前高校教育发展关注的焦点，以保障大学生心理健康。主体上，辅导员作为大学生心理危机最为直接的接触者与管理者，与大学生接触较多，具有引导大学生心理健康成长的优势与条件。如何更大

[①] 雷秀雅，高淑芳，赵威，张国栋. 大学生心理危机预防与干预工作的五个维度 [J]. 中国高教研究，2009 (1).

地发挥辅导员在大学生心理危机预防与干预中的作用，构建体系的心理危机预防与干预机制，是当前高校大学生心理危机管理系统进一步完善的要求。

二、辅导员预防与干预学生心理危机的内在分解

所谓心理危机，是"个体运用寻常方式不能处理目前所遇到的内外部应激而陷于极度的焦虑、抑郁、甚至失去控制、不能自拔的状态"[①]，具有静态和动态两种表现形式。静态心理危机强调一种心理状态，是个体运用惯常应对方式无法处理的一种不平衡心理状态，持续时间因人而异；动态心理危机则更为强调一种心理过程，是个体原有的心理平衡状态被打破，而新的平衡状态尚未建立，可与静态心理危机相互转化。

危机预防，亦称"危机预警"，是心理危机发生之前的防御工作，包括预测、防范心理危机和警示、处理心理危机两个方面。"危机干预"则是大学生心理危机发生之后，通过采取一系列有效措施，给予其心理支持和帮助，使其逐渐恢复心理平衡，包括心理危机的认知模式、哀伤辅导模式、平衡模式、支持与干预技术模式、心理社会转变模式等。[②]

一方面，辅导员作为大学生心理健康教育的重要参与者，具有预防与干预大学生心理危机的职责性与优势性；另一方面，辅导员面对"心理断奶期"的大学生，在他们心理发展不成熟，社会经验不丰富，世界观、人生观、价值观等尚未完全成型的情况下，具有预防与干预的复杂性与特殊性。所谓复杂性，是指因大学生心理危机产生原因的多样性、形成过程的不规律性、应对能力的个体性等。大学生心理危机症状就像一张多维的蜘蛛网，从产生到应对都会因大学生个体能力的不同而不同，具有干预过程、干预程度等的复杂性。特殊性则是因大学生自身处理心理危机的能力差异，导致辅导员在预防与干预过程中往往会出现干预形式、干预手段、干预主体等方面的特殊性。如此，辅导员在预防与干预学生心理危机的进程中，就应该建立体系、系统的危机预防与干预机制，以保障大学生心理健康发展。

三、辅导员预防与干预学生心理危机的问题

辅导员作为学生心理健康的一线工作者，在当前大学生心理危机事件愈渐频发之下，逐渐成为高校心理危机预防与干预的重要主体。根据《西南财经大学学生心理危机管理工作实施办法》，辅导员作为"三级架构、多维网络"预警系统中的重要参与者，位于"一级预警"和"二级预警"中，直接了解并预防学生心理危机事件发生；辅导员负有整理并及时向学院汇报学生心理状况的责任，及时关注学生心理异常情况并进行

① 蔡曙光. 大学生心理危机的干预与预防 [N]. 光明日报（理论版），2006-09-23.
② 王建国. 大学生心理危机干预的理论探源与策略研究 [J]. 西南大学学报（社会科学版），2007（3）.

谈心谈话。如此一来，作为学生一线接触者的辅导员，其本身的优势和作用得到了最大限度的发挥，能够"早发现、早预防、早治疗"学生心理异常情况；辅导员自身的专业素养与优势亦得以有效发挥，有效促进学生心理健康。然就当下辅导员预防与干预学生心理危机而言，其还存在如下问题：

一是辅导员预防与干预心理危机的制度不健全，预防与干预措施的制度化不足。当前，各高校针对学生心理危机出台了相应的心理危机管理办法，规定辅导员应当采取种种措施预防和干预学生心理危机；但在实践中往往出现规则实施的随意性与不明确性，难以形成常态性、标准性的制度予以长久实施，导致辅导员干预和预防学生心理危机的制度化不足。

二是辅导员预防与干预学生心理危机的体系性不完善。实践中，各高校基于大学生心理工作的庞杂性，往往将大学生心理危机发生前的预防、发生中的干预和干预之后的保障分而视之，由不同的主体进行侧重管理，忽视了辅导员工作本身的职责性与优势性，导致辅导员预防与干预学生心理危机的体系性不完善。

三是从辅导员自身来说，往往因为心理健康专业知识缺乏等原因，导致其干预意识薄弱、干预技能缺乏，学生心理问题不能得到及时有效的处理。他们不仅在一定程度上缺乏相应的专业知识，而且缺乏专门的培训，导致实践中遇到某些心理危机不能及时上报，果断采取干预措施，错失危机干预的最佳时期。

四、辅导员预防与干预学生心理危机的机制构建

"机制"原是物理学上的术语，是指机器的构造和运作原理，借指事物的内在工作方式，包括有关组成部分的相互关系以及各种变化的相互联系；运用到社会学中，泛指有机体的构造、功能和相互关系，即一个工作系统的组织或部分之间相互作用的过程和方式。辅导员预防与干预学生心理危机机制则是辅导员预防与干预学生心理危机所形成的过程与采取的措施，彼此之间相互作用、相互促进。

如图1所示，根据大学生心理危机发生的过程，心理危机发生之前，辅导员应该建立相应的事前危机预防与教育机制，保障大学生心理健康发展的同时，及早预警大学生心理危机的发生，并采取相应的事前干预机制，主要包括心理健康教育机制、心理危机预警机制和心理危机事前干预机制等。大学生心理危机发生之际，我们应该建立相应的事中危机干预与治疗机制，有效防止大学生心理危机效应的扩大，保障大学生心理健康发展，主要包括快速联动的危机应急机制、心理危机干预机制和心理危机治疗机制等。个体心理危机结束之后，我们应该建立相应的事后保障机制，亦是大学生心理危机的事后干预机制，通过持续了解心理危机个体事后的心理状况，防止心理危机的再次复发，实践中主要包括危机后干预机制、社会支持系统和危机个体心理自助机制等。

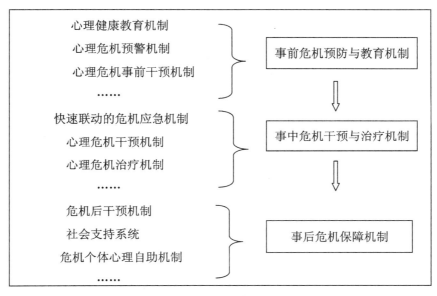

图1　大学生心理危机预防与干预机制模型

五、辅导员预防与干预大学生心理危机的机制选择

第一，加强辅导员预防与干预心理危机的专业性，建立以大学生心理危机排查制度为重点的辅导员事前危机预防与教育机制。事前预防与教育机制是通过外在教育进行健康心理的引导或塑造，防止大学生心理危机的产生；或者说通过心理危机预测体系、事前干预机制来降低大学生心理危机发生的可能性，以保障大学生心理健康发展。辅导员主要应该从如下几方面出发：一是积极阅读与了解大学生心理危机预防与干预的相关知识，进行大学生心理危机治疗的专门培训，提升其预防与干预大学生心理危机的专业性。二是以心理辅导和心理沟通为重点，建立体系的大学生心理健康辅导员教育体系，引导大学生心理健康发展，提升学生自主应对心理危机的能力。三是依托"学院领导—辅导员—班委（主要为心理委员）—室长"的一般管理模式，建立院级的辅导员心理危机排查制度，以定期检测（针对不特定多数群体）、不定期观察（针对不特定多数群体）、定期观察（针对特定群体，主要为存在心理危机的学生或发生过心理危机的学生）等方式进行排查，锁定院级心理帮助的重要对象。四是建立学习、生活、家庭等多维度的大学生心理危机筛选制度，有效预防大学生心理危机的产生。其中，学习维度主要是通过大学生成绩、休学、挂科、逃课等进行筛选，即如果大学生出现学习成绩下降、休学、挂科等行为，则应该对其心理健康状况进行特定观察；生活维度主要是通过个体人际关系、在外租房、独来独行、评优评奖、就业、寝室生活、社团参加等进行筛选，透过大学生生活中的种种行为与际遇来对其进行心理危机的预防；家庭维度则主要是通过大学生个体的家庭经济状况（是否贫困）、家庭结构状况（是否为单亲或其他）、

家庭环境状况（是否位于偏远地区）等来进行筛选，分析大学生个体是否具有发生心理危机的必然性与可能性，及早有效预防大学生心理危机的发生。五是建立以学生干部、心理委员、党员、辅导员、"党员挂牌联系寝室"等为主的心理危机筛选主体与制度，及时、有效预测大学生心理危机发生的可能性。

第二，充分发挥辅导员与学生关系的优势，建立事中的辅导员危机干预与治疗机制，及早干预，防止学生心理危机事件的扩大。事中预防与治疗机制是通过外在心理干预与治疗防止学生心理危机事件（心理危机死亡事件除外）的进一步恶化，促使其恢复到心理健康的状态，从而促进大学生心理健康成长。一是建立快速联动的辅导员危机应急机制，防止大学生心理危机事件的扩大。危机就近，时间就是生命。一旦学生发生心理危机，辅导员就应该迅速做出反应，以最快、最有效的方式果断采取干预，以在第一时间帮助大学生个体脱离危机困境。二是根据学生心理危机特点，确立适当的危机干预模式与计划，保障学生尽早脱离危机期。实践中，可联动学生学习环境，建立"学院—班级—宿舍"的三级帮扶机制；也可通过朋辈干预、师生干预、家长干预等建立多维的心理危机干预机制，或者是通过素质拓展、心理辅导、团体活动等进行外在的行为引导，改变危机个体的心理状况。

第三，通过定期了解与沟通，以学生生活、学习环境为据，建立相应的辅导员危机后干预机制。危机后干预机制，是针对曾经发生心理危机的大学生，进行相应的跟踪观察，以心理健康教育、社会支持系统修复等方式，巩固前期危机干预成果，保障学生危机之后具有持续、稳定、健康的心理状态。实践中，我们可从如下几方面出发：一是建立辅导员与曾发生心理危机学生的定期交流机制，及时了解学生心理状况，对学生进行进一步的健康心理引导，防止危机学生再次陷入心理危机的困境。二是加强对危机学生的后续跟踪观察，以朋辈辅导、团体心理干预等方式建立相应的危机后干预机制，使危机学生彻底摆脱心理危机的困境。三是针对危机学生的社会生活状况，建立或修复相应的社会支持系统，让其尽快融入到社会生活中，实现心理的常态化。实践中，我们可通过修复之前的社会支持系统，或者建立新的社会支持系统的方式，帮助危机个体重新树立健康心理。

辅导员在预防与干预学生心理危机的过程中，还应该注意如下事项：一是遵守法律法规和社会公德，尊重学生个人权利，保护学生个人访谈中的隐私。二是服从学校学院的统一领导，及时汇报与沟通学生心理异常等重大情况，及早处理学生心理健康管理中的异常情况。三是充分整合资源，调动学校、家庭、教师、学生及其本人来开展工作，避免学生心理危机预防与干预过程中的资源不足现象。四是明确自身边界与职责，对有心理问题但存在严重违纪的学生要及时上报，对心理问题严重的同学要及时转接到学校心理健康中心，甚至精神病医院，保障学生心理问题得到及时而适当的解决。

参考文献

[1] 蔡曙光. 大学生心理危机的干预与预防 [N]. 光明日报（理论版），2006-09-23.

[2] 雷秀雅，高淑芳，赵威，张国栋. 大学生心理危机预防与干预工作的五个维度 [J]. 中国高教研究，2009（1）.

［3］王建国. 大学生心理危机干预的理论探源与策略研究［J］. 西南大学学报（社会科学版），2007（3）.

［4］杨稣，武成莉. 大学生心理危机干预体系构建［J］. 宁夏大学学报（人文社会科学版），2011（1）.

［5］楼仁功，潘娟华. 大学生心理危机预防与干预机制研究［J］. 中国高教研究，2008（4）.

［6］章成斌. 高效学生心理危机干预能力面临的挑战［J］. 教育探索，2005（2）.

［7］金宏章，刘晓明，孙文影，等. 大学生心理危机测验的编制及信效度检验［J］. 中国健康心理学，2007（5）.

［8］卢勤，李旭，邵昌玉. 09 级大学新生心理健康状况研究——以成都市某高校为例［J］. 教育与教学研究，2010（3）.

第四章
学生事务篇章

我校学生自选寝室模式初步构建

工商管理学院　　邱成平

摘　要：大学时代是人生的关键时期，而在这一时期，寝室作为学生最重要的学习生活场所之一，对学生产生的影响非常重要。本文首先回顾了以往学者在大学寝室的意义及作用方面的研究，分析了传统大学分配寝室的不足，提出了我校自主选择寝室的设想，并结合其他高校已有的学生自主选择寝室的经验，初步构建了我校学生自选寝室的模式。

关键词：高校大学生　自选寝室

一、　寝室的意义及作用

（一）寝室的重要意义

大学是人生成长中非常关键的一个时期。在大学期间，学生独立和自我意识都在不断的增强，心身的发展也在不断地成熟。他们的情感细腻而丰富，精力旺盛而充沛。如果他们能在一个具有良好氛围的寝室环境中愉快而健康的生活，势必将有利于高效的学习，也会有利于学生之间的合作共处，为该期间大学生在良好品格和正确价值观的形成上会产生不可估量的作用。大学生在校期间，寝室是其生活、沟通交流、娱乐休闲的主要场所，是大学期间学生在校生活中待的时间最长的地方。据统计[1]，除去睡眠时间，大学生每天仍有 5~7 个小时在寝室活动；如果加上睡眠时间，每天几乎有一半以上的时间是在寝室度过的。在如此长时间停留的环境，势必会对高校学生有重要的影响作用。

（二）寝室关系对寝室成员的重要作用

在宿舍中，宿舍成员之间的人际关系对成员的影响是巨大的。何饶依[2]指出，具有

---

① 高淼. 大学生寝室矛盾的预防和化解 [J]. 高校辅导员学刊，2010，2（2）：19-21.

② 何饶依. "90后" 大学生宿舍人际关系研究 [D]. 武汉：武汉工程大学，2013.

抑郁症的学生在寝室中的出现，会让寝室的关系普遍出现不太和睦的现象。一般来说，具有抑郁症的学生会不愿或极少同舍友之间进行交往，而且会对室友有比较强的抵触感，集体活动参加次数也很少，会让室友感到一种很不好的情绪体验。

张冬梅[①]等进行了"大学生宿舍人际关系与主观幸福感的关系研究"，结果表明，在宿舍中，有小团体的寝室人际关系质量要差于没有小团体的寝室人际关系质量。在宿舍内形成小团体，主要是因为同学之间相似的性格态度会更容易形成亲密关系。这种亲密关系的形成会让寝室中的其他成员感到被遗忘或排斥，影响整个宿舍气氛和人际交流状态，这样势必减弱宿舍成员的归属感。其研究结果还显示，宿舍人际关系质量对幸福感因子中的焦虑感、满足感、抑郁或快乐的心境、控制感、精力有预测作用。和睦的寝室氛围对于大学生形成良好的宿舍人际关系具有非常重要的作用。对于大学生的主观幸福感来说，良好的寝室人际关系能够从他人处获得更多正面和支持性的信息，能够维持良好健康的心态，并能增强自我价值。差的寝室人际关系则会导致较多负面的评价，支持也会减少，从而产生自我价值感的危机，并引起焦虑。宿舍是大学生形成友谊的非常重要的场地。它为大学生提供了学生生活、娱乐休闲、情感交流的重要场所。但同时，寝室又是大学生矛盾爆发的主要场所。由于大学寝室人员来自全国各地，不同的风俗习惯、地域特色、个性爱好会让室友之间的差异变得鲜明而棘手。所以，寝室人际关系的好坏将间接或直接地影响大学生的日常学习生活，同时也影响大学生的身心健康水平。在李会[②]的研究中也表明，和谐的宿舍人际关系能给女大学生带来归属感和幸福感，对女大学生的健康成长和成才具有重要意义。张丹丹[③]等人进行了"大学生宿舍关系与学习态度和学习效能的关系"研究，结果表明大学生的学习态度与宿舍关系存在显著正相关。在宿舍关系对学习态度、学习效能的影响方面，宿舍关系的乐群冷漠性与和谐矛盾性均可以直接预测学习效能。宿舍关系和谐较好的大学生，学习态度更为积极，而大学生本身积极的学习态度会产生更强的自信，也就是学习效能。

综上所述，寝室关系的好坏对学生的学习、个人的幸福感等方面都有着及其重要的影响。我们需要通过采取各种方式让寝室的关系变得和谐、融洽，让学生能在学习，人际交往及个人幸福感等方面表现更好。

二、传统寝室分配模式及存在的问题

在传统的高校寝室分配模式中，寝室的分配完全按照学校的规划进行分配：先由学校招生部门确定好各学院专业、班级人数，学校宿舍管理部门根据各学院专业、班级人数及性别进行寝室的安排。在此安排过程中，宿舍管理部门完全不会考虑到学生的作

---

① 张冬梅，阿代·哈尼西. 大学生宿舍人际关系与主观幸福感的关系研究 [J]. 中国健康心理学杂志，2010，18（8）：973-974.

② 李会. 女大学生宿舍人际关系研究 [D]. 武汉：华中师范大学，2012.

③ 张丹丹，李小溪，魏莎莎. 大学生宿舍关系与学习态度和学习效能的关系 [J]. 中国健康心理学杂志，2012，20（10）：1585-1588.

息、生活习惯等方面的问题，采取的是按照学号依次安排寝室。

这种传统的寝室分配在操作过程中比较简单，只要把各学院专业人数确定好，有同样数量的对应好的寝室就可以进行安排。但这样的安排对于以后寝室的和谐留有一定的隐患。成都高校寝室人际关系现状调查发现①，有60%的学生认为寝室里有自己不喜欢的人，33%的学生认为寝室里的室友相处不和谐，相互之间也不能互相关心。高淼对高校寝室矛盾的表现及形成原因进行阐述，认为有以下几种情况：

（一）习惯冲突

现在大学生都是来自全国各个省市，不同省市的学生有其自身不同的习惯，比如不同地区的交友方式、卫生习惯、作息规律等方面就会给寝室人员带来不一样的感受。如果这种感受是负面的就会慢慢产生矛盾，矛盾不能得到有效解决的话就会导致寝室关系最终的破裂。

（二）口舌之争

言语上的争论是大学寝室里很常见的一种矛盾表现形式。现在大学生大多为独生子女，比较少的与其他人有共同生活的经验，养成了生活中以自己为中心的生活模式。这会使得在寝室生活中，较少考虑到他人的感受，遇到对事情不同的看法，会较直接表达自己的立场，如果表达方式不当就极易导致口舌之争。

（三）小团体

寝室团结到一起，形成一个团体的时候，寝室关系才会和谐而稳定。但事实上寝室内极易形成小团体，而这种小团体会动摇寝室成员的关系，寝室内将不会再稳定，寝室这个大团体也将渐渐分裂。

从上面寝室问题中可以看出，造成这些问题的一个主要原因就是寝室人员之间的一些生活习惯、性格特征及兴趣爱好上的不同，导致寝室关系的不和、破裂。如果这样的关系不能够及时进行疏导解决，势必会对学生正常的学习生活造成重大的影响。如果我们在新生入学之前就能对新生的生活习惯及性格有所了解，然后根据了解的情况进行寝室选择，那将会很大程度上减少日后寝室矛盾的发生。

三、利用学生自主选择寝室合理匹配寝室成员

如上所述，为了能更好地预防寝室矛盾产生，我们可在新生入校前，就对新生生活习惯、性格特征及兴趣爱好等方面进行了解，然后新生可根据其他人的情况自主选择想要搬入的寝室，这也就是所谓的学生自主选择寝室。学生自主选择寝室不仅是有利于同

① 高淼. 大学生寝室矛盾的预防和化解［J］. 高校辅导员学刊，2010，2（2）：19-21.

学之间相互了解生活习惯、性格特征及兴趣爱好方面的情况，而且还可以让学生自己有明确的角色定位。因为在新的环境中，每个人都会重新定位自己的角色，特别是处于青春期的大学生，这种角色定位或角色扮演的作用会更加明显。在向他人描述自己情况时，新生一般会正面评价自己，如果这种正面评价的性质能让新生按照此种评价发展自己，并形成良好的人格品质，那将会对学生的发展起到巨大的推动作用。这种事先的相互了解，某种程度上来说也是一种默认的寝室公约。搬入寝室后，寝室成员会有一种内化的规范行为来约束自己按照寝室人员达成的一致意见完成。

四、我校新生自主选择寝室方案初步构建

在学生自主选择寝室时，我校必须要考虑以下的原则。第一，是否所有不同学院的学生可以一起相互选择。第二，没有自主选择寝室的学生如何安排。第三，选择寝室完后是否可以再退选。针对以上情况，鉴于我校对学生进行管理的实际情况，应该采取同学院，同专业内部学生自由选择寝室为好。而且据温州大学城市学院经验介绍，可先让新生选择寝室，等寝室确定后，再根据寝室选择情况进行行政分班，让同寝人员尽量在同一班级，方便各项事情的通知。在我国高校中，现有华中师范大学和温州大学城市学院实行了学生自主网上选寝室。他们的经验都是学生可先自主选择寝室，没有自己选择的学生会被随机分配到未满的其他寝室。在系统未关闭前，学生都可在系统上进行退选，重新选。

我校在具体实施操作过程中，应该包括以下几个主要过程：学校寝室数据的核对及安排；学生自主选寝室前的宣传；学生交流平台的建立；选寝系统的开放；选寝系统未关闭前的退选和未自主选寝人员随机分配。

（一）学校寝室数据的核对及安排

学校有关部门要根据已招收学生的专业人数、性别人数安排好足够的寝室供学生选择，并将数据导入选寝系统。

（二）学生自主选寝前的宣传

要随同学生录取通知书一并附上学生自己选寝室的通知，让学生能及时了解，并按时登录系统选寝室。附上的具体内容必须包括学生的登录名及密码、自选寝室的说明、新生交流平台信息。

（三）建立学生交流平台

自主选寝的最主要的原因是希望新生在入校前能相互了解、沟通，进而能找到匹配的室友。所以在新生选寝前，学生能充分的沟通交流是非常重要的一个环节。学校能主动建立交流平台，并将其告知新生对于新生能更好地找到合适室友具有非常重要的作

用。交流平台有如下形式：QQ 群、微信、微博、贴吧等。

（四）选寝系统的开放

为了能让选寝新生更加直观了解寝室人员，新生在登录系统时必须就自己个人习惯、兴趣爱好、个人卫生、性格特点、对室友的希望等方面进行阐述。个人习惯包括饮食，如喜欢吃什么、不能吃什么，睡眠作息，如早起习惯、午睡习惯、晚睡习惯；个人卫生包括自己的卫生习惯，如爱干净、洁癖、经常洗衣服等；兴趣爱好包括爱什么样的运动、爱读什么样的书等；性格特点包括自己的性格特点，如开朗、内向、活泼、不善交际等；对"室友说"，包括对将来室友的要求，如希望同一地方的、希望自己的室友有什么样的性格特点、习惯等。学生在登记完自己个人信息后，在可查看的范围内选择自己中意的寝室。

（五）选寝系统未关闭前的退选和未自主选寝人员随机分配

如有同学对自己寝室的选择不满意，可在选寝系统关闭前进行寝室的退选。如有新生未能在规定时间自主选择寝室，那学校将随机分配学生到空余寝室。

以上是我校新生自主选择寝室方案的初步构建，在实际操作中可能会遇到其他的问题，可根据实际情况进行调整。

五、面临的困难

由于要接收从预科班升学到我校的少数民族学生，如果实行新生自主选寝，可能会造成预科班同学选住同一个寝室。由于预科班同学在普通话交流和学习上都会有一定困难，如果预科班的少数民族学生同住一个寝室，将会严重影响与其他同学的交流，不利于预科班同学的学习生活，不利于预科班同学与其他同学一起进步。

以上主要阐述了学生自主选寝的原因及初步构建了我校学生自主选寝室的方案。现在的高校管理模式倡导以学生为主，服务学生，为学生创造和谐、向上的学习生活环境，而寝室作为学生学习生活的主要场所，将其建设成为和谐、向上的住处，会对学生产生十分积极的影响。好的寝室环境不仅能让学生免除寝室关系问题的困扰，把更多的精力投入到学习中去，而且能形成寝室成员之间相互帮助、共同进步的积极心态。所以，我校在可行的条件下，可考虑如何更好地匹配寝室成员，而学生自主选择寝室不失为一个好的选择。

参考文献

[1] 何饶依. "90 后"大学生宿舍人际关系研究［D］. 武汉：武汉工程大学，2013.

[2] 张冬梅，阿代. 哈尼西. 大学生宿舍人际关系与主观幸福感的关系研究［J］. 中国健康心理学杂志，2010，18（8）：973-974.

［3］李会. 女大学生宿舍人际关系研究［D］. 武汉：华中师范大学，2012.

［4］张丹丹，李小溪，魏莎莎. 大学生宿舍关系与学习态度和学习效能的关系［J］. 中国健康心理学杂志，2012，20（10）：1585-1588.

［5］高淼. 大学生寝室矛盾的预防和化解［J］. 高校辅导员学刊，2010，2（2）：19-21.

学生事务管理组织整合

——基于研究生的事务管理

金融学院　　李　莹

摘　要：与学生相关的一切事务都属于学生事务管理的范畴。在高校中，与学生事务管理的相关部门或组织存在着工作内容重复或交叉的情况，面对高校的发展和社会的更高期望，如何通过整合不同学生事务管理的组织来提高学生事务管理的水平是本文的研究内容。

关键词：学生事务管理　整合思路

一、引言

高校学生事务相关负责部门的组织较多，除学校负责学生事务的部门，如学工部、各级学院和中心，以及各系别，甚至部分职能部门也与学生事务工作相关。这些众多与学生事务相关的部门，存在着工作交叉重复等情况。如何将学生事务作为一个整体进行处理，将各部门的相关工作进行整合，从而提高学生事务管理的有效性，是高校学生工作中一直致力于处理却一直悬而未决的问题。本文通过探讨学生事务管理相关部门的整合，试图探寻出发展学生事务管理的新途径。

二、文献综述

学生事务（Student Affairs）这一概念是从最早的"替代父母制"演变过来的，经过了不同的发展阶段和不同的称谓后，在 1937 年和 1949 年，美国国家教育委员会发表了两次《学生人事工作宣言》，学生事务管理在美国开始确立并发展。学者们认为学生事务与我国的"学生工作"一词基本含义一致（王显芳，2006）①。曾昭皓等（2011）②认为，可以将学生事务分为 12 个专业化系统，包括自觉道德培养服务系统、心理健康咨询教育服务系统、学生困难资助服务系统等。20 世纪伟大的教育教学欧内斯特·博耶在其著作《美国大学教育：现状、经验、问题及对策》中也提出，学生事务涉及教师、行政人员、管理人员、学生等多个主体，以及宿舍、教学环境、校园生活等多个方面。张洁（2006）③ 也认为，香港高校学生事务应包括学生资助、就业指导、心理辅导、文康设施管理、宿舍管理、联络学生会及各属会、协助海外留学生和残疾学生、体育锻炼等。总的来说，学生事务包含了与学生相关的一切事务。

随着社会的发展以及高校职能的更好发挥，关于学生事务的管理已形成了较多研究，其中研究不乏在学生事务管理这一领域颇有建树的美国。比较美国和中国在学生事务管理上的差别，我们可以借鉴国外的先进经验。在美国高等教育界，学生事务是与学术事务（Academic Affairs）相对的概念。张洁（2006）④ 认为，学生管理分为学术管理与非学术管理两部分，非学术管理即学生事务管理，包括日常事务管理与德育管理。我国与国外学生事务管理各自的特色鲜明。游敏惠（2008）⑤、王显芳（2006）、黄燕（2012）等认为，美国学生事务管理的目的和理念是将学生看成一个独立的人，让学生在接受高等教育的经历中，得到个性化发展，强调学生的主体性。而我国在学生事务的管理中，对学生的干预和控制较多，虽工作任务重、承担责任大，但也能有效处理和预防事件的发生。此外，美国的学生事务管理受行业规范的影响大，有规范学生事务管理的行业协会、美国大学教授协会（American Association of University Professors，AAUP）、全国大学生体育协会（The National Collegiate Athletic Association，NCAA）、全国大学和学院商务人员协会（The National Association of college and University Business Officers，UACUBO）、全国学生人事管理人员协会（National Association of Student Personnel Administrators，NASPA）等。美国高校的学生事务管理要符合以上行业协会的要求和规定，但受行政命令的干涉少，这是与我国高校的较大不同。

此外，有学者提出，学生事务管理的模式应取决于人才培养的目标，这一目标直接影响高校学生事务工作。如美国高校便注重学生的个性化发展，从 1862 年美国颁布《莫里尔法案》以来，美国教育一直以为社会需求提供人才为培养目标，强化高校的服务社会的职能。而国内学者也认为，以人才培养为目的的管理必须满足社会对人才的需求（张洁，2006）。但不同的是，美国的高校教育是在社会、政府参与的大环境中，通过多方的互动来促进教育的，因此高校教育与社区、企业、政府等部门联系紧密，有利于更好地了解社会需求。而我国以社会需求为目标的高校社会服务功能还有待提高。

综上所述，尽管美国高校在学生事务管理方面有丰富的经验，但并不完全适合中国的情况，因此，我们不得不探索出一条适合目前中国经济发展、社会需要的学生事务管

---

① 王显芳. 十年来我国对美国高校学生事务管理研究综述 [J]. 比较教育研究，2006，78（3）：92-96.

② 曾昭皓，李卫东. 高校学生事务管理模式的建构与创新 [J]. 思想教育研究，2011，57（2）：29-33.

③ 张洁. 我国研究生事务管理问题研究 [D]. 上海：华东师范大学，2006.

④ 张洁. 我国研究生事务管理问题研究 [D]. 上海：华东师范大学，2006.

⑤ 游敏惠. 美国高校学生事务管理研究综述 [J]. 重庆邮电大学学报（社会科学版），2008：35-38.

理模式。

　　由于涉及学生事务的部门和人员较多，学生事务的内容庞杂，因此，有效的学生事务管理模式将有助于提高管理的效率，更为重要的是，能为学生提供更好的服务。Leonard（2011）[1] 认为，学生事务的核心任务便是提高学生福利，这些福利应包括学生价值的提升、将学生作为个体的尊重、在行政政策和规则中学生的公平待遇问题，以及参与机构规则制定的机会等。

　　首先，有学者认为提高从事学生事务的人员的专业化将提高学生事务管理水平。曾昭皓等（2011）认为，高校中承担主要学生事务的人员，即辅导员在包揽了所有的学生事务的同时，若不能提高自身在某一方面的基本能力，继续做大而全，难以在现有的学生事务管理上有所突破。而这一观点也恰恰与辅导员队伍建设的专业化、职业化、专家化的目标一致。因此，应当将学生事务分为不同的系统，让学生事务人员从属于某一系统，作为专业人员进行发展。Leonard（2011）也认为，学生事务人员作为道德的践行者，其能力直接影响了学生的道德水平。

　　其次，有学者认为学生事务和学术事务这两个学生管理的主要内容是相互联系、彼此促进的，不能分裂开来进行管理。蔡国春等（2000）[2]、张洁（2011）等都对学生事务管理和学术管理的相关性进行了研究。美国大学人事协会在 1993 年发表的《学生的学习是当务之急——学生事务的含义》也指出，学生事务与学术事务的紧密联系是相当重要的，学生事务人员和学术人员有相互服务于学生利益的共同点。

　　最后，有学者提出学生事务管理是有难度的，尤其在目标不明确时，常常与传统的学生事务目标相冲突（Leonard，2011）。这不仅需要明确的标准、良好的员工待遇、透明化的政策制定，还需要整合资源，才能更好地适应社会对高校人才培养的期望。因此，有必要将高校的学生事务进行整合，提高管理效率。

　　要解决这一问题，便要建立起学生事务整合的文化氛围。虽然高校中都会有相应的规则和制度约束，但我们知道仅靠制度的约束是低效率的，如果每位负责学生事务的人员在每天的工作中都有整合的意识，学生事务管理将发挥更大的作用。

　　基于以上对我国和国外的学生事务管理比较以及学者们提出的学生管理的建议，适合我国高校的学生事务管理有效模式还未确立，国外的经验虽有价值，但不可照搬照抄。随着中国经济社会的变迁，现有的学生事务管理模式已无法适应社会的需求，在这种情况下，探索出新的学生事务管理模式显得尤为重要。

---

　　①　Leonard Baird. Integrity in Student Affairs Organizations ［J］. New Directions for student service，2011，23（4）：15-25.

　　②　蔡国春. 高校学生事务管理概念的界定 ［J］. 扬州大学学报（高教研究版），2000，51（4）：124-131.

三、学生事务管理组织整合思路及措施

（一）整合思路

1. 明确学生培养目标

学生事务是具体的事务性的工作，但所有与学生相关的事务性工作都应当以学生培养目标为指导，在处理事务性的工作时将其贯彻始终。若不能明确学生的培养目标，或目标模糊而不深入人心，那么事务性工作很容易陷入无意义的状况。每天处理相同的事务，却不了解其对学生培养的意义，处理学生事务的相关工作人员也容易缺乏工作的积极性。

2. 明确不同学生事务组织的价值

学生事务管理应本着重质量的原则，为学生的成长提供更优质的服务，从而更好地明确各学生事务组织的价值。对于中国高校而言，学生人数较多无疑为学生服务质量的提高造成了困难。正因如此，更应该明确不同部门或组织对于学生培养所起到的关键作用，牢固树立其核心价值，而不应该只是将其作为处理学生事务的部门。

3. 明确学生事务管理当中的主次和轻重

学生事务内容庞杂，在这些工作内容中，自然有轻重之分。要提高学生事务管理的质量，需要通过整合不同部门的资源，着力解决学生事务工作中的重点及难点，建立项目组，积极探索提高高校学生事务管理的突破口及相关机制，既要解决数量问题，又要解决质量问题。

（二）解决措施

1. 创造高校学生事务整合的文化氛围

若将学生事务作为一个整体来进行，整合学生事务的文化氛围必须深入人心，只有这样，每一个处理学生事务的工作人员，以及每一个与学生事务相关的部门或组织，才会把自己的工作看成是整个高校学生事务工作当中的一部分。而这种氛围的建立，可以通过对处理学生事务相关的工作人员进行整体培训来培养，使他们认识到，高校学生事务工作的整体思路、自己所处的位置、所在组织和自己工作的价值。

2. 借助社会组织的力量，更好地推动学生事务管理

学生事务工作发生在高校中，却不仅仅与高校内的某些部门相关，学生培养的目标与社会发展需求相关，学生素质的肯定受社会价值等因素的影响。在市场驱动下的学生培养，应更多考虑社会相关组织的衡量指标，避免闭门造车。可以通过与社会相关组织的合作，为高校的学生事务管理提供现实依据。

3. 加强学生事务管理人员的专业化素养

处理学生事务的工作人员和管理人员若不能实现专业化发展，学生事务管理将难以提高水平。而目前，专业化培训还难以适应高校的发展，学生事务工作的相关人员也面临学生和社会的更高期望。在这种情况下，若不能形成高校学生事务人员的相关培训机

制，将无法满足学生发展的需要。

四、总结

本文通过分析国内外高校学生事务管理的情况，得出结论：整合不同学生事务部门或组织的资源，将学生事务工作视为一个整体，各部门和人员充分认识自身的价值，并促进整合的文化氛围，是提高学生事务管理的有效途径。

参考文献

［1］LEONARD BAIRD. Integrity in Student Affairs Organizations ［J］. New Directions for student service，2011，23（4）：15-25.

［2］BAIRD L L. The Melancholy of Anatomy：The Personal and Professional Development of Graduate and Professional School Students ［M］. Higher Education：Handbook of theory and Research，1990.

［3］RHOADES G, SPORN B. Quality Assurance in Europe and the U. S.：Professional and Political Economics Framing of Higher Education Policy ［M］. Higher Education，2002.

［4］蔡国春. 高校学生事务管理概念的界定 ［J］. 扬州大学学报（高教研究版），2000，51（4）：124-131.

［5］王显芳. 十年来我国对美国高校学生事务管理研究综述 ［J］. 比较教育研究，2006，78（3）：92-96.

［6］曾昭皓，李卫东. 高校学生事务管理模式的建构与创新 ［J］. 思想教育研究，2011，57（2）：29-33.

［7］张洁. 我国研究生事务管理问题研究 ［D］. 上海：华东师范大学，2006.

浅议发展型资助管理服务模式的构建

学生资助管理中心　　方从慧

金融学院　　马丹丹

摘　要："困难学生发展"是一切资助工作的目标和归宿。本文通过分析救济型资助模式在困难学生发展中的局限性，指出应建立起既帮助学生克服经济困难，又致力于提高困难学生综合能力、培养健康人格的发展型资助模式，并从不断改进和优化经济帮扶体系、加强困难学生思想引领和搭建形式多样的综合能力提升平台三方面阐述了发展型资助管理服务模式的构建。

关键词：困难学生　发展型　资助

教育公平是社会公平的重要组成部分，在党和国家的高度重视和关心下，我国不断加大对家庭经济困难学生的财政投入力度，提高奖助强度，扩大资助面，形成了普惠性、助困性、奖励性和补偿性资助有机结合的多元化资助体系。2014 年，政府、高校及社会设立的各类政策措施共资助全国普通高等学校学生 4 064.25 万人次，资助总金额达 716.86 亿元，比 2013 年增加 142.75 亿元，增幅 24.86%。[①] 困难学生资助体系的建立和完善有效地帮助困难学生解决了最迫切、最基础的问题。

但是，这种以保障教育公平为目标、以"救困"和"输血"为主要内容、以直接的经济支持为主要方式的资助模式，随着高等教育规模的扩大、学费水平的提高和就业压力的增大，已无法解决经济困难学生成长和发展的现实需求。

我国在 2010 年颁布的《国家中长期教育改革和发展规划纲要（2010—2020 年）》中指出，高校学生资助工作要在保障学生不因经济困难而辍学的基础上，坚持把"育人"方针贯穿到资助工作的各个环节，以促进困难学生健康成长与持续发展。如何贯彻"资助育人"方针，充分发挥资助工作的育人功效，使困难学生在受资助的过程中受教育、长才干、提素质，成为高校资助工作的重大课题。

---

① 摘自中华人民共和国教育部网站《2014 年中国学生资助发展报告》。

一、构建发展型资助管理服务模式的必要性

薛深等[①]学者指出：贫困不是简单的经济概念，它涉及更多难以估量的隐性指标。除了拥有的金钱和物质资料达不到某种必须水准的经济内涵之外，贫困延伸和辐射的外延，还包括贫困主体与所处环境中物质资源的关系、与人的关系、与知识和技术的关系，以及与一些社会机构的关系等。

虽然，以"输血"为目的的救济性资助模式，保证了困难学生学业的顺利完成。但明显不足的是，这些政策和措施大多局限于经济资助，容易导致外部的短期效应，造成小部分学生"等、靠、要"的依赖心理和主体意识的薄弱。同时，经济资助也无法消除学生由于经济贫困而产生的思想、心理、道德、能力、就业上的"贫困"。陶传谱[②]研究发现，多数贫困学生由于自身经济压力，往往还存在许多心理困惑，如内心充满自卑与自尊的交织冲突、过度敏感、情绪低落、行为退缩等。郑晓芳、张静[③]通过对贫困大学生的综合能力现状调查发现：与非贫困生相比，经济贫困在很大程度上制约了众多贫困学生能力的发展，如更高比例的贫困大学生与同学关系不融洽、不擅长与陌生人交往。侯聪玲[④]分析指出对贫困大学生就业存在就业成本高昂、整体因素弱、择业预期过高、缺乏社会资源帮助等困境。

因此，从困难学生的成长和发展来看，仅有物质资助是远远不够的，困难学生要更好地实现可持续发展，成长成才，从根本上解决"困难"，只能依靠其自身素质和能力的提高。为此，高校学生资助工作应寻求一种以学生需求为导向，促进困难学生能力全面提高的新模式，一方面帮助困难学生克服经济问题，另一方面发展学生自助能力，建立起会生存、能创新、懂交际、心态好、人格健全的"造血"式的发展型资助模式。

二、发展型资助管理服务模式的内涵

随着经济与社会的发展，根据教育发展规律和学生成长规律，发展型资助管理服务模式是在满足学生基本生活需求的基础上，提出以困难学生全面发展为目标，采取能力培养、社会实践、心理辅导等多种方式，帮助学生在克服自身经济困难的同时，致力于提高困难学生的综合能力、培养健康人格和优秀品格，更好地实现困难学生自身长远发展的功能性资助、造血型资助。与"救济"型资助、"输血"型资助相比，发展型资助管理服务模式是一种"助人者自助"的资助模式，更加贴近学生成长成才实际需求，

① 薛深，等. 高校贫困生资助的人文关怀 [J]. 教育评论，2008（3）.
② 陶传谱. 贫困大学生心理健康初探 [J]. 湖北社会科学，2003（5）.
③ 郑晓芳，等. 贫困大学生综合能力现状调查分析 [J]. 高等教育研究，2009（12）.
④ 侯聪玲. 贫困大学生就业困境及对策探析 [J]. 中国成人教育，2009（1）.

更能实现学生的可持续发展。

　　发展型资助管理服务的核心是"困难学生发展",所有的学校资助事务需要围绕困难学生的全面发展展开,并持续关注学生的发展现状,规划其发展阶段,满足其发展需要。

三、发展型资助管理服务模式的特征

　　发展型资助管理服务应体现四个方面的导向特征:

(一) 从"输血"向"造血"的观念转变

　　发展型资助重点关注困难学生的能力成长,而不是只解决当前经济困难问题,不仅满足"输血",更重在"造血"。发展型资助管理服务结合困难学生的不同特点和发展需要,在资助困难学生的过程中注重的是如何提升其能力,如何挖掘其潜力,如何提供一个让困难学生更好发挥、发展其能力的平台等问题。

(二) 资助形式更加多样化

　　发展型资助不同于以前单一的经济资助方式,它根据学生的发展需求有针对性地开展个性化、多元化、立体化的资助形式,采用勤工助学、社会实践、能力培养、心理辅导、人生规划等多种形式,促进困难学生的身心素质、精神面貌、综合能力的全面发展。

(三) 工作重心的转移,更加关注困难学生的全面发展

　　发展型资助管理服务除给予困难学生经济保障外,将工作重心转移到家庭经济困难学生的能力发展上,对困难学生开展社会实践、专业技能等综合能力培训以及心理辅导、思想教育的等思想素质引领,使困难学生会生存、能创新、懂交际,心态好、人格健全,从而实现困难学生的全面、协调和可持续发展。

(四) 一元机制向多元机制转变,建立"大资助"服务体系

　　要开展高校资助育人工作,实现全方位资助、全方位育人的目的,光靠学校的某一个部门必然是无法完成的。当前,我国高校学生资助工作大多由资助中心或类似机构承担,但这些部门大多人员紧张、日常事务繁杂,虽然深知心理素质、综合能力及就业能力等对家庭经济困难学生的重要性,却苦于自身工作繁重无暇他顾,同时也由于没有心理、就业等方面的专业技能而无法为家庭经济困难学生提供更多的指导和服务。为此,高校应多方位整合校内资源,建立起联合学生处、心理中心、就业中心等多位一体的"大资助"服务体系。

四、发展型资助管理服务模式的构建

发展型资助管理服务模式的体系建设是一个系统、复杂的工程，涉及困难学生全面发展的各个环节，应包括三个层次的内容：

（一）不断改进和优化经济帮扶体系

经济帮扶是困难学生资助工作的基础，解决的是困难学生最迫切的问题，是发展型资助管理服务的基本内容。改进和优化经济帮扶体系，要从几个方面入手：一是要通过资助工作学生座谈会等方式，建立双向动态工作机制，及时通过各种渠道传递资助政策信息，同时密切关注和全面掌握困难学生的思想、行为、需求的新特点，并针对性地调整和优化资助工作的经济帮扶措施。如学校可对困难学生出国留学、参加大型学术交流活动等予以一定资助，帮助困难学生开阔视野、扩大知识面，也可以项目支持的方式对困难学生参加"三下乡"等社会实践活动给予经费补助，鼓励学生参加各类社会实践活动，增加社会阅历，促进发展。二是要搭建资助管理服务的信息化平台，更加注重困难学生认定和各类资助项目评审的科学性，更加注重对困难学生从入学前到毕业就业的全方位跟踪服务，根据困难学生的发展过程中的个性需求，做到资助措施的量身定做和及时到位。三是要通过校园卡管理等先进技术手段，建立困难学生预警机制，主动发现和识别困难学生，实现资助工作从被动资助向主动资助转变。

（二）组织开展丰富多彩地诚信、感恩、励志、心理、"三自"等主题教育活动，加强困难学生思想引领

首先，要通过励志成才人物评选活动、励志成才人物事迹宣讲、成功校友励志之路分享等形式，树立榜样，加强困难学生的诚信教育、励志教育和感恩教育，倡导困难学生自立自强的同时，学会用自己的爱心来回报社会、回报他人，增强社会责任感和使命感。其次，要加强困难学生的心理关怀和心理疏导，以"逆境成长""优势提升""自我接纳"等为主题开展团体心理辅导活动，帮助困难学生正确面对暂时的逆境，变逆境为动力，充分挖掘自身优势，增强自信心，消除自卑心理。最后，要通过设立资助学生评议小组、资助委员等方式，培育和增强困难学生自我管理、自我教育、自我服务的主动意识。

（三）围绕促进困难学生能力成长，搭建困难学生综合能力提升平台

首先，高校可通过开设阳光能力训练营、勤工助学岗位培训等免费技能提升活动，帮助弥补困难学生因家庭、地域等原因在计算机、英语口语等基础教育上的不足，提高困难学生的基本素质和能力。其次，高校应立足校内面向社会，多渠道拓宽勤工助学渠道、开辟困难学生实习实践基地，在培养困难学生自立、自强精神的同时，增强服务社会的能力。再次，高校还可以困难学生志愿活动为平台，以"传递关爱，服务社会"

为宗旨，鼓励困难学生在团队活动开展过程中获得各种锻炼和学习的机会，培养社会责任感、提高综合能力和个体素质，激发他们的发展潜能。最后，高校还应加强与社会企业，尤其是捐助企业合作，开创"资助+实习+就业"的三维资助新模式，设立"实习生计划"和"人才库计划"，以资助获得经济支持，以实习获得能力提升，以就业促进最终发展和彻底地摆脱贫困。

　　总而言之，在发展型资助管理服务模式中，育人是目的，发展是路径，资助是手段。发展型资助管理服务模式是对原有资助理念的开拓和创新，既要解决困难学生的经济困难，也要解决困难学生心理、思想上的不足，更要解决困难学生综合能力等就业竞争力提升问题，使困难学生会生存、能创新、懂交际，调整心态、健全人格，从而实现困难学生的全面、协调和可持续发展。

参考文献

　　[1] 薛深，等. 高校贫困生资助的人文关怀 [J]. 教育评论，2008（3）：52-55.

　　[2] 陶传谱. 贫困大学生心理健康初探 [J]. 湖北社会科学，2003（5）：107-108.

　　[3] 郑晓芳，等. 贫困大学生综合能力现状调查分析 [J]. 高等教育研究，2009（12）：93-95.

　　[4] 侯聪玲. 贫困大学生就业困境及对策探析 [J]. 中国成人教育，2009（1）：46-47.

　　[5] 高艳丽，等. 高校学生发展型资助模式构建探究 [J]. 湖北社会科学，2012（6）：167-173.

朋辈教育在我国高校学生事务工作中的应用现状

公共管理学院　　　郑良秀　周国波

摘　要： 朋辈教育是具有相似成长社会背景和思维特点的一群学生对另外一群学生进行经验分享、提供情感支持与帮助的教育模式，是高校以学生为中心、充分发挥学生主体作用的具体体现，也是对高校学生事务管理的有效补充。本文从大学生思想政治教育、新生入学教育、学生党建、心理健康教育、大学生职业生涯规划与就业指导五个方面论述了朋辈教育当前在高校学生事务工作中的应用状况，并从朋辈教育者的选拔、培训，朋辈教育的实施平台、效果评估等四个方面提出思考。

关键词： 朋辈教育　高校学生事务　应用

"你认为什么是影响你大学生活的最主要的因素？"当向大一新生提这个问题时，他们会预想在大学里学习是影响他们最主要的因素。"什么是你大学生活中最重要的事件？"大四毕业生的回答是因人际关系而改变的人格特点。《明日高等教育的学生发展——回归学术》中指出：对学生发展影响最有力的环境因素是朋辈群体。大学生处在大学这个半社会化的象牙塔里，学生之间在行为习惯、态度甚至价值观上都会相互影响。学校里的同学是比父母更好的教育者。同时，中共中央在《关于进一步加强和改进大学生思想政治教育的意见》中指出，"坚持教育与自我教育相结合是加强和改进大学生思想政治教育的基本原则"。朋辈教育正是这样一种发挥大学生"三自"能力的教育方式，是对教师、辅导员教育的补充。

一、朋辈教育的含义

朋辈有"同辈"和"朋友"的双重意思，前者指年龄相当，有较为相近的爱好、价值观、文化背景和生活经历，有共同的生活理念，关注的问题和需求一致；后者是指有过交往、彼此之间容易理解沟通并且值得信赖的人。大学生正是这样的一个朋辈群体，在频繁的互动中相互影响。朋辈教育就是具有相似成长社会背景和思维特点的一群学生对另外一群学生进行经验分享、提供情感支持与帮助的教育模式，具有亲近性、认同性、安全感等优势，是高校以学生为中心、充分发挥学生主体作用的具体体现，也是高校学生事务管理的有效补充。关于朋辈教育，国内的研究有"同伴教育""朋辈辅导""朋辈咨询"等多个内涵相似的概念。

二、朋辈教育的发展

自 20 世纪中期以来，美国青少年由于受到来自家庭、学校、社会的压力，在行为上出现了严重偏差。据美国官方统计，1985 年相比 1955 年，美国青少年自杀人数增加了 3 倍，且研究发现，其自杀原因多是贫困、羞耻感，并伴随着酗酒、滥用毒品、堕落、犯罪等行为。由于美国的学校心理咨询机构普遍存在专业人员短缺的情况，朋辈心理咨询岗位由此诞生。1969 年，威兰德（Vriend）发表了她利用经过培训的高成就优秀中学生在咨询团体中帮助低成就学生的研究报告，成为学校朋辈咨询教育研究的首篇报告。20 世纪 70 年代初期，汉伯格（Hamburg）等人在美国加利福尼亚州发起了朋辈咨询运动。之后，朋辈咨询运动得到推广，朋辈咨询逐渐被大家熟悉和认可，之后美国各州高校、中小学纷纷开展朋辈心理咨询教育。为了进一步推广朋辈教育，1984 年，美国成立全美朋辈互助者协会（NPHA），后更名为全美朋辈教育联合会（NAPP），它为朋辈计划的实施提供了优质的理论和技术支持，开展活动主要包括举办年度大会、开办培训班、创办简报和专业性杂志《朋辈计划前瞻》。1990 年，伯纳德（Benard）在《朋辈教育项目案例研究》（*The Case for Peers*）中通过大量朋辈教育项目分析得出，经过朋辈互助教育，大大减轻了青少年因酗酒、吸毒等造成的心理负担。1998 年，布莱克（Black）、托伯（Tobler）、赛斯卡（Sciacca）等人在对 120 个系列研究分析后得出：参与朋辈干预的 7~9 年级孩子对烟草、酒精等违法物品的抵御能力明显优于教师干预的那部分孩子。2002 年，NAPP 进一步修订了项目标准，对推行朋辈咨询教育领域从项目启动、项目实施、项目维护等方面确定了相应的标准和规范，完善了朋辈咨询教育的发展。目前，美国已有超过 2/3 的学校开展朋辈教育，许多大学和高中设有朋辈教育资讯中心，典型的如哈佛大学朋辈咨询团体，主要提供学校适应、人际关系、学业、压力、性、饮食和酗酒等方面的咨询。佛罗里达州大西洋中学创办的 TALK 计划，采用课堂教育、单元辅导的形式处理冲突解决、性骚扰等问题。丹佛大学的 HYPE 朋辈心理健康小组，通过每年的固定活动"爱、性、健康周""酒精屏蔽日""压力释放活动"和心理健康急救训练、自杀把关者训练，向全体学生宣传健康的生活方式和态度。现在，朋辈教育在美国的应用领域主要涉及人格咨询、情绪咨询、自我探索咨询、生涯咨询、适应性咨询、性心理咨询、学业咨询、道德伦理咨询、药物滥用咨询、酗酒咨询、问题解决咨询、人际关系咨询、辍学咨询、危机干预咨询、经济问题咨询、时间管理咨询、社会兴趣咨询等。

国内的朋辈咨询在近几年才进入探索研究阶段。最初在大学生中主要以艾滋病同伴教育组织、学业朋辈咨询组织、大学生朋辈咨询组织（心理学会、心理协会）的形式开展一些教育性的活动，如讲座、电影、沙龙、心理测验等，以促进大学生心理健康。当前，高校逐渐开始探索将朋辈教育的理念应用到学生事务的各个方面。

三、朋辈教育在我国高校学生事务工作中的应用现状

（一）大学生思想政治教育

大学生生活在相似的环境中，具有相似的心理特点和思维方式。因此，将朋辈教育引入高校思想政治教育工作中，通过情感陶冶、活动体验、榜样示范等形式潜移默化地影响大学生的发展，有利于提高大学生自我管理、自我教育、自我服务的能力，也有利于高校思想政治教育的有效性，是新时期高校思想政治教育途径和手段的创新与延伸。如何构建高校思想政治教育的朋辈教育体系？潘爱华（2011）提出，要从党建、考研与就业、学习、职业生涯规划等多个途径选拔学习成绩好、思想素质高、有较高的政治敏锐性和是非鉴别力、在学生中具有一定威信的优秀大学生和优秀校友组建朋辈教育队伍，对其进行培训和教育以提升其理论修养、业务素质和工作能力，同时还需设计一套完善的素质管理体系，如各类别的朋辈辅导员选拔办法、工作职责、考核办法、激励机制等。由此形成了当前高校朋辈教育的多种模式，"研究生带本科生，本科生辅导专科生，专业学生带非专业学生，高年级辅导低年级，社会经验丰富的同学带经验不丰富的学生，以双方（或多方）为相互辅导为基础的互动朋辈辅导"。

（二）新生入学教育

高校新生入学教育对学生在大学阶段的学习、生活、人际交往等各个方面具有非常重要的影响。有高校通过组织高年级学生作为新生助理辅导员对新生开展朋辈辅导活动，并通过调查发现，"90后"大一新生遇到突发困难事情而辅导员又不在场时，首先求助助理辅导员的比例达56.31%，在学习方面和人力交往方面遇到问题求助助理辅导员的比例分别达45.83%和42.63%，且80.34%的新生认为助理辅导员的朋辈辅导很好地帮助其完成入学教育。可见，构建大学新生朋辈教育体系是新生入学教育的有益措施。如何建立有效的大学新生朋辈教育体系？宋玲（2009）从具体工作开展上提出自己的观点：由高年级同学组成朋辈教育队伍，在新生中开展交流、谈心等活动，为新生班级配备导航员以指导新生学习生活，对优秀同学的事迹进行宣传以激励新生奋发进取，成立同辈教育社团以实现群体教育。通过这样的朋辈教育体系构建新生入学立体教育模式，以增强新生入学教育的感染力、影响力、可接受性及实效性。杨洪猛、段顺美（2011）则从工作体系、队伍体系、内容体系、运行体系四个方面论述了大学新生朋辈教育体系的构建思路，提出建立"学校—学院—班级—宿舍"多级朋辈辅导网络，将思想素质好、心理健康、专业素养好、热心帮助同学的学生骨干纳入心理互助队伍体系，通过在新生中开展心理健康知识普及活动，建立朋辈心理互助组织、朋辈辅导社团的方式帮助新生适应大学生活，并建议建立心理档案以形成动态监测机制，最后，从准备策划、组织构建、活动运作、效果评估四个环节构建大学新生朋辈教育的运行体系。

对于大学新生来说，高年级同学已对大学生活有所体验、感悟和思考，且与大学新生有着相似的成长背景，也曾对大学有着相似的憧憬，因此，由高年级同学组建队伍展开朋辈教育是新生入学教育的有效措施。

（三）学生党建工作

高校学生党建是提升大学生思想素质的重要内容，是促进大学生形成正确的价值观、人生观、世界观的有效途径。戴一菲（2012）认为，朋辈教育的理念对促进构建学生学习型党组织具有以下作用：整体性引导，充分发挥学生伙伴的作用，通过有计划和系统的学习活动引导同辈学生党员之间进行分享、交流、沟通、研讨，形成一种持续性学习、创新性学习的氛围；提升渗透力，淡化学生心目中固有的距离感，让思想交流与沟通变得更加直接有效；扩大覆盖面，有助于知识覆盖面的扩大和工作方法的全面化。目前许多高校也开始将朋辈教育应用到学生党建工作中，探索有效开展学生党建工作的新途径。首都医科大学基础学院于 2007 年开始实行朋辈教育制度，将党支部按照年级分成三个党小组，每个党小组负责联系各自年级的所有班级，即每个班级都有固定的学生党员负责人，开展"党员进班级"系列活动，讲解党的基础知识、入党流程、分享心路历程等，充分发挥党员的先锋模范作用和党支部的战斗堡垒作用。将朋辈教育的理念应用到学生党建工作中是学生事务将国外经验本土化的一次有益尝试。

（四）大学生职业生涯规划与就业指导

针对大学生就业中存在的"用人单位要求加高，就业竞争压力增大；大学毕业生社会期待偏高，就业指导工作队伍薄弱；就业指导信息服务不健全，指导形式与内容单调"现状，黄郁健（2012）主张，思政辅导员与学生年纪相仿、经历相似，在大学生就业指导工作中运用朋辈教育理念，可提高大学毕业生就业指导工作的水平和毕业生的就业竞争力。李超（2012）则进一步提出了朋辈教育在大学生职业生涯规划中的实施路径：心理委员和志愿者在日常学习和生活中随时随地地帮助同学开展职业生涯规划活动，发现同学中存在的问题的任务同时收集和传递相关的就业信息；学生社团组织开展学生喜闻乐见的比赛，如"职业生涯规划挑战赛""简历制作大赛""模拟面试"等；在团体辅导中以朋辈辅导的形式开展职业生涯规划教育活动；让优秀学生通过网络分享自己的成功案例，让同学转载、阅读、学习，也可以在网络上创建虚拟社区，学习和分享职业生涯规划的知识等。将朋辈教育应用到大学生就业与职业生涯规划中，可使这项工作变得更加灵活、直接，具有较高的示范性、吸引力和影响力，不仅激发了学生的内在动力，也提高了工作效率。

（五）心理健康教育工作

中国青少年研究中心的"大学生思想政治教育"调研报告显示，当大学生有了心理问题的时候，首先倾诉的对象是朋友（79.8%），然后依次是母亲（45.5%）、同学（38.6%）、恋人（30.9%）、父亲（22.5%）、同龄亲属（15.8%），而仅有 3.4% 的人选择向辅导员倾诉，3.2% 的人选择向心理咨询师倾诉。因此，朋辈教育成为对大学生心理健康有着积极促进作用的重要方式。在心理健康工作方面，目前更多的运用朋辈咨询这一概念。目前国内的朋辈咨询具有以下几种模式：第一，心理学专业学生朋辈咨询模式。以南京大学"我们在一起"朋辈咨询项目为例，该项目是由应用心理学专业或社会工作专业同龄学生提供的朋辈咨询，这些学生需完成发展心理学、心理咨询理论与实务、青年心理学等几门必修专业课程的学习，并经过朋辈咨询课程本身四个学期的训练并定期接受督导，为全校学生提供半专业化的咨询服务。第二，心理委员制朋辈咨询模式。国内高校大多都在每个班级中设立了心理委员，并定期对心理委员进行培训，组织心理委员在班级开展丰富多彩的心理教育活动；同时，心理委员积极关注班级同学的心理状态，运用培训所学知识帮助同学处理一些轻微的适应性问题，并在发现危机时及时报告辅导员及心理老师，协助辅导员及心理老师处理比较严重的心理问题事件。这是国内比较普遍的心理委员朋辈咨询模式。第三，心理社团朋辈咨询模式。心理社团作为一种学生组织，是大学生学习生活的微观环境，在大学生心理健康的促进方面起着潜移默化的作用。心理社团主要以学生活动的形式，如心理讲座、心理沙龙、电影展播、心理情景剧、心理测验等展开朋辈咨询，并充分利用 QQ 群、人人网、微博、微信等方式宣传心理健康知识。第四，朋辈咨询电话与网络模式。电话与网络由于其匿名性，较大程度上为来访者减轻了咨询的心理负担，可以相对比较轻松地倾诉自己的困扰。以华中师范大学"春雨热线"及春雨网为例，参与咨询的人员都是该校心理学院的研究生，具备心理咨询相关基础知识，并接受督导。"春雨热线"每天在固定时间由固定的研究生提供心理咨询服务。春雨网则通过留言和邮件进行咨询，咨询内容涉及青少年学习与成长、人际交往、恋爱情感、亲子关系、抑郁症等方面，遇到比较严重的个案则转介到面谈咨询。"春雨热线"和春雨网向在校大学生乃至社会各界人士开放，每年都会接受咨询数千人次，受到了广泛好评。

四、小结与展望

朋辈教育的理念已经运用到了高校学生事务的各个方面，对大学生的全面发展起到了一定的促进作用。笔者认为，关于朋辈教育的研究还有以下几个方面值得探讨。

1. 朋辈教育者的选拔

朋辈教育者的素质关系到朋辈教育开展的效果，是朋辈教育环节中最基本、最重要的一环。朋辈教育应用到高校学生事务的不同领域，则朋辈教育者的选拔也应有所不同。学生党建工作中的朋辈教育者需要有较高的政治敏锐性，正确的世界观、人生观、价值观，在学生中形象正派，具有一定的影响力；职业生化规划与就业指导则可以选择优秀校友或毕业生作为标杆树立榜样作用；而心理健康工作则需要朋辈教育者拥有一些特定的气质特点，个人吸引力、友好、令人感到舒适、可以信赖这些都是影响朋辈教育效果的重要因素。不管是哪个工作领域的朋辈教育者，都应该是一群学有余力的学生，在学习成绩上达到了学校的相关要求；具有合理管理自己时间的能力；心理健康；等等。可以借鉴英国牛津大学的方法，组建评审委员会，并邀请学生事务相关专家担任评委，进行筛选。

2. 朋辈教育者的培训

朋辈教育者的培训由于时间不会太长，培训内容应有较强的针对性、实用性和层次性。例如，心理健康工作领域内朋辈教育者的培训会涉及心理咨询基本理论和本技能如共情、真诚、积极关注等，而在具体实施过程中，针对大一新生的朋辈教育内容主要涉及时间管理、人际关系建立等，大二、大三主要涉及自我意识、情感问题的处理、性心理等，大四则涉及职业生涯规划等。培训的形式可以采取讲座、团体辅导、角色扮演、示范等多种方式，也可以采取定期开讨论会的形式进行朋辈之间的督导，以促进培训效果。

3. 朋辈教育的实施平台

据中国互联网络信息中心（CNNIC）发布的第30次"中国互联网络发展状况统计报告"显示，截至2012年6月底，中国网名数量达到5.38亿，互联网普及率为39.9%。其中，手机网名规模达到3.88亿，超过台式电脑网名数3.8亿。该报告还反映：20~29岁的网名占30.2%；在网名职业中，学生占比为28.6%，远远高于其他群体；手机即时通信用户规模为3.22亿，高达83.0%。因此，朋辈教育的实施平台除了传统的讲座、主题沙龙、一对一辅导等，还应充分发挥新媒体的积极作用。人人网、微信、QQ由于覆盖面广、学生参与度高、对学生的渗透力大，成为朋辈教育的重要平台。

4. 朋辈教育的效果评估

对朋辈教育实施效果进行评估，既是对这项工作开展情况的反馈，又是是朋辈教育持续开展的动力，有助于朋辈教育培训内容的科学设置。可以从朋辈教育的实施过程、实施结果以及后续追踪进行评估。过程评估旨在判断朋辈教育的实施过程是否科学，是否符合活动的目的和参与者的特点；总结评估则是了解参与者对朋辈教育的满意程度；追踪评估是在朋辈教育结束后的一定时期内所进行的评估，旨在了解朋辈教育的效果能否持续。评估方法可以采取问卷调查、访谈等。

参考文献

［1］ACPA. Student development in Tomorrow High Education：A Return to the Academic ［R/OL］. A-available：http：//www.myacpa.org/student-development-tomorrows-higher-education-return-academy.

［2］安德烈莫罗阿. 人生五大问题 ［M］. 上海：上海三联书店，2008.

［3］黄小忠，龚阳春，方婷，李伟建. 朋辈咨询的发展与启示 ［J］. 中国学校卫生，2007，28（12）：1145-1147.

［4］潘爱华. 朋辈教育模式在高校思想政治教育中的实践 ［J］. 学校党建与思想教育，2011（7）：45-46.

［5］张磊，刘敏. 大学生思想政治教育中的朋辈辅导阴 ［J］. 学理论，2009（26）.

［7］傅能荣. "90"后大学新生入学教育的朋辈辅导探究 ［J］. 福建教育学院学报，2012（1）：11-13.

［7］宋玲. 积极开展朋辈教育，构建新生入学立体教育模式 ［J］. 中国成人教育，2009（5）：58-59.

［8］杨洪猛，段顺美. 大学新生朋辈辅导体系的构建 ［J］. 中国校外教育，2011（04）：23.

［9］戴一菲. 论朋辈教育在构建高效学生学习型党组织中的作用和意义［J］. 高效辅导员，2012（1）：20-22.

［10］胡正娟，孙莹炜，聂伟，马宁，王伟. 论朋辈教育在高校学生党建班建工作中的实践［J］. 首都医科大学学报（社会科学版增刊），2010：9-11.

［11］黄郁健. 浅谈朋辈教育在大学生就业指导中的运用［J］. 中国校外教育，2012（6）：38.

［12］李超. 朋辈辅导及其在大学生职业生涯规划中的实施路径［J］. 高校辅导员学刊，2012，4（1）：23-25.

［13］耿柳娜，高纯清. 朋辈咨询——我们在一起［M］. 合肥：安徽人民出版社，2010.

朋辈辅导在大学生"三自"管理中的探索与研究

金融学院　　　陈亚丽

摘　要：目前，"三自"管理日渐成为高校学生管理工作的趋势和核心，对推动高校学生管理方式的改革，助力高校实现人才培养目标具有重要意义。而将朋辈辅导纳入到"三自"管理，其作用不可小觑。因此，在"三自"管理过程中探索朋辈辅导模式是非常必要且值得研究的。本文剖析了将朋辈辅导机制纳入高校"三自"管理的理论依据，进一步分析了西南地区某高校在学生工作中将朋辈辅导与大学生"三自"管理相结合的实践探索。

关键词：朋辈辅导　"三自"管理　实践探索

随着高校改革的推进，建立更为科学有效的管理机制的需求越发迫切。实行大学生"三自"管理就是为了适应和配合管理机制的改革，助力高校实现人才培养目标。立足于理论层面，"三自"管理符合了教育过程中双向主体互动的教育规律，把课堂教学与学生的自助学习相结合，使教学效果得到强化。同时，"三自"管理亦符合从认知到养成教育这一过程的德育规律，帮助学生通过自我管理、自我教育、自我服务的方式，发挥其主体能动性，提升自身素养和综合素质。

朋辈辅导的特点在于易接受性、及时性、交叉性和渗透性等，因而在高校"三自"管理的工作开展中具有积极的促进作用。其旨在组织优秀的学生群体通过与同学间的良好互动，促进学生相互学习、相互帮助，形成积极向上的校园氛围。当下高校践行"三自"管理的过程中，朋辈辅导制度的建立具有重要的现实意义和实践价值：首先，朋辈辅导是对高校辅导员制度的完善和补充；其次，朋辈辅导员在这个过程中帮助同学解决问题的同时提高了自身素质，实现了互帮互助的双赢模式；最后，朋辈辅导具有其自身独特的可及性、灵活性、深入性等优势。

目前我国高校朋辈辅导制度仍处于探索阶段，并没有形成制度章程。将朋辈辅导运用于大学生"三自"管理的模式仍在不断尝试中。现以西南地区某高校为例，介绍该校创新性地将朋辈辅导与大学生"三自"管理相结合，进行了初步的实践探索。该校利用"学校—学院—班级—宿舍"制度，使朋辈辅导活动全方位多层次的渗入到学生日常生活，发挥学生的主观能动性，调动学生的积极性，化被动管理为主动，促进"自我管理、自我教育、自我服务"的理念与实践相融合。

一、构建学生"三自"管理的朋辈领导核心，力求学生自我成长

（一）充分发挥学生会桥梁纽带作用

学生会作为学校学生管理重要的组织之一，是学校联系学生的桥梁和纽带，更是实现"三自"管理的重要阵地。结合该校实际情况，利用各学院分团委下的团总支学生会开展组织活动、协助学生日常管理工作。分团委学生会旗下各个部门的负责人均为学生，在学生日常管理事务中利用班长团支书茶话会、党支书茶话会的机会与学生干部沟通，以便更好地了解学生的想法，总结过去的工作经验，讨论安排今后工作的开展。在具体的操作上，以学院学生会各部门为例：学习部收集各班学习委员提供的信息，有针对性地为学生提供有关学习方面的主题活动，如学习经验交流会、讲座讲坛等，通过优秀学生的榜样示范作用，为解决学生学习方面的疑虑提供帮助。与此类似，该校在心理健康方面，依托学院心理部、班级心理委员和寝室舍长，通过丰富多彩的心理活动，帮助同学缓解心理压力。在困扰学生的就业方面，更多的是利用学校学院学生会下属的职业发展部门，为学生提供就业信息、求职经验分享等。

由于学生之间平时接触频率较高，学生之间的沟通渠道并不受到时间地点的限制，可以随时随地交流存在的问题和需要改进的地方，更有利于发现问题的症结所在，提出针对性的改革意见，并认真督促改革措施的实行。学生会成员秉承为同学服务的理念，由学生自己发现问题、解决问题，提高学生自我管理的能力和自我服务的意识。

（二）充分利用学生社团的广泛性和多样性

学生社团通过各式各样的活动丰富校园文化和学生们的课余生活。该校社团涉及文艺、体育、学术等多个方面。多样的社团活动不仅丰富了学生的校园生活，更是对朋辈辅导制度的完善和补充。通过加入不同的社团、不同的部门，学习不同的技能，提高自己的综合素质。例如加入宣传部门，更多的是提高文字技巧和 PS、AE 软件的使用技能；加入外联部门，更多的是学习为人处世之道；加入办公室，更多的是锻炼沟通能力和组织协调能力。而这些的学习，都是在经验丰富高年级学生的带领下完成。在自己的能力得到提高的同时，社团展开的丰富活动也是为其他学生提供多样服务，例如校报记者团、广播站为学生带来新鲜资讯，学习技能型社团为学生提供技能培训。此外，该校有多个针对心理辅导方面的社团，其中具有代表性的学生心理服务联盟特别设有朋辈部，帮助同学更好寻求朋辈心理帮助。

通过社团朋辈之间的互助互学模式，加强学生之间的自我教育，将学习平台由教室扩展到更广阔的平台，提升学生的综合素质。学生社团自我提升的同时，也将服务对象扩大，把自我服务与自我教育相结合，建立更具发展的学生成长模式。

（三）充分发挥学生党员先锋模范作用

《关于加强和改进在大学生汇总发展党员工作和大学生党支部建设的意见》表示，学生党员作为学生中的优秀骨干，应在学生"三自"管理的开展中积极参与、树立榜样。充分发挥学生党员的先锋模范和骨干带头作用，使大学生党支部成为带动学生班级团结进步和开展思想政治教育的坚强堡垒。

该校各学院均设有学生党建工作指导站，以此为领导核心，积极组织学生党员参加各类活动。学生党建指导站旨在充分发挥学生党员骨干和学生党员在日常教育管理、班团建设等活动中的示范和引领作用，促进学生党员骨干成为学校学生党建工作中的得力助手，进一步提高学生党员的综合素质。力求学生党员在思想上争做"火车头"；在学习上成为后进同学的"助推器"；在行动上成为"排头兵"。

二、构建班级"三自"管理的朋辈联系纽带，加强学生工作的落实和开展

（一）充分发挥班级干部的互助模式，深入了解学生思想学习状况

在朋辈辅导体系框架下，辅导员的作用定位为指导性，而作为学生自我管理最前线的学生干部，在承担班级日常管理任务时需要充分发挥其积极性、主动性。

班级学生干部众多，从班长到学习委员到心理委员，各个岗位的学生都是在班级中能力得到大家认可的同学。班长作为班级领导的核心，除了积极与每位同学开展定期沟通，了解同学的思想和学习的情况，由于班长既是学生又是管理者，其沟通方式较为灵活，沟通氛围也较为轻松，达到了解同学真正想法的目的。此外，以学习方面为例，班级的学习委员一般成绩优异，并且对整个班级的学习状况有更加全面详细的掌握，因此能够为同学解决学习上的问题。通过学习委员的努力帮助班级形成乐学好学的氛围，鼓励更多优秀的同学互助共赢，通过定期和不定期的学习交流达到排解疑惑、健康成长的目的。同时学习委员也能收集同学们普遍存在的学习问题，向辅导员反映情况，寻找专业老师的帮助。

学生干部能够为学生提供力所能及的辅导，帮助学生在自我教育中取得进步，促进学生全面发展，促使学生之间互相学习，提升学生自我管理能力，提高学生自我服务的意识。

（二）坚持新生助理辅导员制度，构建学习生活新平台

该校为大一新生班级配备了助理辅导员，这些优秀的学长学姐从一个过来人的视角为大一刚入校的新生排忧解难，同时关心其学习生活状况，遇到问题及时向辅导员以及学院反馈。

助理辅导员积极组织学生参加学校各项活动，协助辅导员和班委管理班级，了解学生的学习目的、学习态度、学习方法和专业思想等并做出适当的指导，使班级形成良好

的学习氛围。新生初入大学校园，在新的环境中面临许多新的机遇和挑战，同时也面临着生活环境和学习方法的较大改变，因此许多新生可能会出现各种不适应的情况，涉及生活、学习、人际交往和学习等多方面。助理辅导员制度主要针对新生适应性教育问题，使其更加具体化、深入化。同时，助理辅导员能发挥先锋模范作用，以身作则，增强教育的感染力和可接受性。助理辅导员一般为高年级品学兼优的学生，拥有更多的经验并且专业与所辅导新生一致，能够有针对性地为新生提供正确的指导和建议，解决新生在学习和生活上的多重问题。

建立助理辅导员制度，充分利用助理辅导员与大一新生之间朋辈关系，既是对辅导员工作的补充，也是对自我管理范围的扩大。

（三）鼓励以"学习小组"模式交流学习，促进良好学风形成

在学习中，团队的模式更能提高学习的效率和质量。在班级设立学习小组，鼓励班级同学共同学习、共同进步，利用空闲时间，通过定期或者不定期的交流活动，面对面地探讨在学习中遇到的问题，运用集体的智慧解决。

朋辈辅导中的辅导与被辅导是一种双向关系，双方的角色本身具有双重性，这种双重性的发挥使得在朋辈辅导的过程中双方都能够更好地提高自我认知。在互联网技术快速发展以及自媒体时代的到来，在计算机网络、移动通信网络的快速发展下，SNS社交网络、BBS论坛、博客、微博等新媒体逐渐成为当代大学生思想活跃的主要阵地，以朋辈互助的形式可以随时随地地开展学风建设活动。

新媒体的使用，不仅解决了时间地点的约束，更扩大了学习内容的范围和学习的形式，学生不仅可以从书本，也可以从更多的渠道了解经济社会发展，将所学理论应用到现实之中。同时学习小组的形式具有督促作用，学生的自我约束能力参差不齐，而借助团队的力量，可以在学习中互相鼓励、互相监督，提高学习效率。

三、拓宽"三自"管理中朋辈辅导渗透范围，深入学生日常生活

（一）充分鼓励学生发扬"三自"管理，构建文明和谐寝室

宿舍舍长作为一个宿舍的总负责人，既要协助辅导员和宿管阿姨做好宿舍的管理，更要调动宿舍同学的积极性和主动性。

在生活中，同学们或多或少有些矛盾或者误会，因此宿舍舍长应该积极调解，解决学生之间的小矛盾。若矛盾较严重，也应主动向辅导员报告。寝室舍长积极开展学生的思想教育工作，定期或不定期组织宿舍同学谈心，旨在加深同学间的感情。不论在学习上还是日常生活中，宿舍舍长应以身作则、身体力行，做好带头作用；协调好宿舍成员之间的关系，相互尊重，相互学习，相互帮助，以期形成良好的学习氛围。

对于大学生而言，宿舍相当于在学校的家，集学习、生活、娱乐为一体，是每一位学生都离不开的地方。因此，宿舍舍长是在学生工作中的不可或缺的构成主体，正确处

理学生间的关系，构建和谐寝室，有助于全面提升学生的校园生活质量。

（二）学长入住宿舍担任层长

大多数高校的宿舍管理中只设有楼管和宿舍舍长，如果能创新性地设立学长学姐入住低年级学生宿舍楼层，将为同学提供更加多样和深入的服务和帮助。

尽管有多种渠道方便学生跨年级沟通，诸如社团、学生会、助理辅导员等多种方式，但是有时也会有远水救不了近火的困境。同时，面谈所取得的效果将优于电话或者其他形式，因此，层长的设立将为学生提供这样的机会，层长学生既能及时为同学排忧解难，又能通过走进学生身边、走入学生的生活的形式，真正聆听学生的心声，了解学生的需求。

朋辈辅导开启了大学生"三自"管理新模式的尝试和探索，也是对高校学生工作的有效补充。从朋辈之间心路历程相似，兴趣爱好、价值观趋同出发，充分发挥其容易理解、沟通的特点，通过互助模式，引导学生"朋辈领航、学习互帮、生活互助"，解决高校学生广泛存在的学习问题、生活问题及心理问题等，践行双赢教育模式。高校将朋辈辅导纳入"三自"管理的探索性实践表明，构建科学的朋辈辅导体系有助于引导学生进行"自我教育、自我管理、自我服务"，实现全方位、多层次、立体式的新型高校学生管理机制。

参考文献

[1] 江瑞芳. 谈当代大学生的自我教育、自我管理、自我服务 [J]. 福建医科大学学报：社会科学版，2002（12）：73-73，89.

[2] 李明忠. 朋辈心理辅导模式与大学生心理健康教育工作有效性的提高 [J]. 黑龙江高教研究，2011（8）：4-8.

[3] 王丹华. "三自"管理和优良学风建设中发挥学生党员先锋模范作用的新途径 [J]. 统计与管理，2013（1）：161-162.

[4] 郭肖明. 高校朋辈辅导对加强高校学风建设的思考 [J]. 民营科技，2012（7）：139.

美国高校学生事务管理的特点与启示

——以俄克拉荷马州立大学为例

心理健康教育中心　　　徐　慊

公共管理学院　　　陈　宁

摘　要："学生事务管理"是美国高等教育的重要组成部分，在一百多年的发展历程中积累了丰富的理论和实践经验。本文以美国俄克拉荷马州立大学的学生事务管理工作为考察对象，介绍了包括校园住宿生活、学生行为规范教育、新生入学指导活动和 BCT 行为评估小组等在内的重点项目，总结梳理了其在工作理念、队伍建设、体制机制、具体做法等方面的特点和成效，并从对我国高校的学生事务管理工作提出了相应的意见建议。

关键词：美国高校　俄克拉荷马州立大学　学生事务管理　启示

在美国，"学生事务"是与"学术事务"相对应的概念。一般认为"学术事务"涉及学校的教学与研究，学生课程学习、学术训练及认知发展等，而"学生事务"则与学生的课外活动、日常管理、校园生活及个性发展等问题有关。因此，不少学者认为，学生事务是指学生的课外非学术性事务或学生在校园生活过程中涉及的与其成长发展有关的事务，而"学生事务管理"一般被理解为这一职业领域的总称。

在一百多年的发展历程中，学生事务管理大体经历了"管理学生""服务学生"和"发展学生"这三个阶段，积累了丰富的理论和实践经验，日渐成为是美国高等教育的重要组成部分。因此，在目前我国高等教育国际化的背景下，学习、研究和借鉴美国高校学生事务管理的先进理念和成熟做法，对于加强和改进我国高校学生工作有着重要的启发意义。本文以美国俄克拉荷马州立大学（以下简称"OSU"）的学生事务管理工作为考察对象，总结梳理了其特点和成效，并对我国高校的学生工作提出了建议。

一、OSU 学生事务管理机构概况

俄克拉荷马州立大学（OSU）地处美国的中南部，创建于 1890 年 12 月 25 日，是一所赠地大学，目前在校学生人数达 33 000 人，其中包括来自 120 个国家的 1 800 名国际学生。OSU 因有着丰富的学生管理经验而享有盛名，已连续 6 年主办了以实地参观、专题讲座和圆桌会议为主要形式的"学生事务国际研讨会"，笔者有幸参与了最近一期的学习。

OSU 的学生事务管理由主管副校长全面负责，下设"校园生活部""校园住宿生活部""心理咨询中心""就业指导服务中心""学生之家""校餐饮部""医疗健康服务中心""校健身中心"八个部门。其中，"校园生活部"主要为学生提供展示自主管理、领导才能及为他人服务的机会，校学生会、各类学生社团都在此部门的指导下开展活动；"校园住宿生活部"则主要为七千多住校学生提供学习和生活的社区。OSU 特别强调住宿生活也是要与学科教学相结合，共同促进学生学习能力的提升；"学生之家"像校园的大客厅，是师生们聚会交流的场所，大型会议场地、校律师办公室、入学注册中心及校酒店等都囊括其中。

学生事务管理的经费除 2%~3% 是财政支取外，剩余大部分都是自负盈亏，主要来自于三部分：一是学生杂费（按学分收取，学生所缴纳杂费的一部分用于偿还校园设施基建等债务）；二是使用费用（如公寓住宿、娱乐体育中心、保健服务、餐饮等）；三是从学费中支取的费用（如心理咨询、就业指导等）。

二、OSU 学生事务管理的重点项目

（一）校园住宿生活

校园住宿生活部的使命是学生的成功。通过为学生提供基本的住房需求满足及各项活动，雇佣和培养大量研究生宿管（Residence Director，RD）和本科生助理（Resident Assistant，RA），促进学生的健康成长和学术卓越。在这个部门的工作中，最有特色的是学生进行宿舍自主管理。

OSU 里几乎一半的学生公寓是聘请该校大学生成长发展专业的硕士作宿管，担任楼长一职，待遇为学费免除、提供医疗保险、免费住宿及每月 1 700 美金的补贴，其主要职责为：管理层长、协助处理违纪行为、管理宿舍使用情况、危机处理及管理。本科生助管（RA）则作为层长（约 160 名），以免费住宿和餐食补贴作为其工作报酬，层长则需要承担同辈辅导、教育及强化政策、组织教育性、社交型的活动项目等职责。层长采取轮岗的形式，每日每楼都有助管值班。值班期间，专门的值班手机会要求随身携带并保持通畅；需要对全楼进行安全检查；遇到紧急情况时联系楼长或者直接联系警察或医疗救护。

为了真正使学生从工作中获益，OSU 还非常看重对本科生助管（RA）的培训。集中培训内容主要为：行政程序；活动项目目标和策划；建立社区；酒精中毒及物质滥用；性侵犯及性骚扰；压力下的学生抑郁与自杀；应急程序，包括火灾、自然灾害等。有特色的培训项目如涉及学习困难、室友冲突、悲伤与丧失、压力缓解、进食障碍等主题的同辈咨询培训。培训的重点在于教授积极倾听和给予建设性意见的技能，帮助助管及时发现、报告可能的心理危机。此外，培训还会教会助管通过观察学生的寝室生活表现、是否旷课、是否有言行异常等途径，及时发现可能的危机。另外，在月考、期中考和期末考之后，层长都会收到自己所负责的该层同学的成绩单，并要求联系成绩不好的学生，为他们提供学校的资源以尽早改善和提高成绩。

（二）学生行为规范教育

OSU 的学生行为规范管理办公室隶属于心理咨询中心，其主要职能是教育学生的在校行为标准，教育犯错误的学生为什么他们的行为是不合适的以及什么样的行为是合适的；以及帮助学生避免未来可能发生的冲突和后果，并最终致力于帮助学生从错误中吸取教训。

当学生行为规范办公室的专职人员从学生、教职员工、网上接收到实名或匿名汇报，或是从校警处接到报告后，他们有一整套科学、规范、有效的工作流程来帮助学生。首先，学生行为规范办公室发信通知学生来办公室进行会谈。学生可以选择接受会谈或拒绝，但拒绝会谈的学生将会受到暂停选课资格的处理。其次，学生行为规范办公室专职人员会与学生一对一进行座谈，共同探讨不良行为。会谈的主要内容包括：听学生本人讲述过程；了解是什么原因引起的不良行为；探讨学生的个人生活中发生的哪些事情可能对行为产生负面影响；讨论他们的不良行为对他人会产生怎样的影响；今后如何改正不良行为；讨论决策的技巧，介绍校园资源。最后，学生需要完成指定的、有教育目的的任务，从自己的不良行为中吸取教训。有教育目的的任务有多种形式，包括：写文章（写自我总结和反馈改进报告）；接受咨询指导；参加酗酒危害的 12 周课程学习；参加道德决策学习的课程；在本层楼开展关于酗酒危害的讲座。如不良行为对社区造成了负面影响的，常常会被要求提供社区服务，即为社区做贡献。

（三）新生入学指导活动

有研究表明，大一新生是最容易退学的，但 50% 的退学原因不是因为学业的问题，而是对校园活动的参与度低以及没有和某位教职员工建立起纽带。因此，OSU 以鼓励学生更好地参与校园社区为目标，开展了以"新生营地活动"和"新生迎新周"为主的入学指导活动。

当六七月份新生逐渐到校报名后，学校就开始在连续 7 周的每周五到周日，组织新生参加户外集中式交流活动。该营地活动由接受过系统培训的学生领袖和志愿者参与组织和活动带领，主要内容和形式有：文化融入——跳当地的舞蹈、学习 OSU 的传统以及校歌等；拓展——高空绳索领导力培养项目；交流——一名教授带 8 名学生开展团体交流，向新生传达老师们希望新生如何学习、该有怎样的课堂表现等；讲座——可持续发展、财务管理等专题；才艺表演、篝火晚会——给新生一个充分展示自己的舞台，在轻松的氛围中增进彼此的了解；成功校友见面会——以榜样的力量激励新生开启新的生活篇章。总之，新生营地活动作为一个纽带，让新生和学生干部一起，和不同的教师和工作人员见面，通过各种教育性的会谈和丰富多彩的活动促进新生了解 OSU，尽快融入大学校园，适应大学生活。

"新生迎新周"则由副校长办公室下设的"新生入学指导办公室"专职工作人员负责总体协调,与学生相关的各部门协同工作,在新生刚入学一周的时间里提供 120 多个项目供新生参加。这些项目的内容涉及校园生活各方面的基本情况,像校园的集中展示舞台,给新生提供"OSU 生存指南";活动主要分为学术型活动、娱乐型及社交型活动。

(四) BCT 行为评估小组

在危机管理方面,OSU 成立了由副校长总体负责,校内各相关部门如行政、心理学、学术、执法及法律中有相关经验的代表组成的"行为评估小组 (BCT)"。BCT 是对有疑似危机的同学进行主动反应和及时评估的方式,目的是对可能对自己及他人形成危险的学生个体采取协调统一的对策,而这些疑似危机常常是由同学、老师、校警发现和报告的。BCT 每两周的周三会面一次,每次两小时;如有紧急情况出现,则随时开会对学生的问题和行为进行会诊。

除了定期和不定期的会晤外,BCT 还有依托于网络平台的沟通机制。在"网上危机管理系统"中,能实现记录危机事件发生的日期、查找有关文件、分享记录、危机程度分类等,实现了 BCT 成员之间及时的信息共享。

三、OSU 学生事务管理的特点

(一) 学生事务管理人员的专业化、专家化发展,有力地保障了为学生提供高质量的服务

美国有近百所大学设有培养学生事务硕士研究生的专业,为大学学生事务部门培养了众多的专门人才;在此后的职业发展中,也坚持走专业化和专家化的道路。这种专业化主要体现为:充足的专职人员、高规格的规范化培养、多样化培训和学术化研究、分层化发展与标准化评价、高度分化的专业组织。如 OSU 的学生事务工作人员皆拥有学生事务学、心理学、法学等专业的博士学位,他们既是学生事务工作的实践者,也是学生事务工作的研究者。不同专业方向的专职人员还经常会依托行业协会开展学习和研讨,如 OSU 住宿生活部的专职人员均参加了全美高校住宿生活行业协会。该协会每年举办年会,谈论行业动态,并为所有专业人员提供了很多专业培训的机会。这种专业化发展的途径,使得学生事务工作人员能够在一个岗位上扎根并不断积累理论和实践成果,为真正的专家化发展奠定了坚实的基础。

(二) 以大学生成长发展的理论为基础,提出鲜明的工作理念

OSU 立足于大学生成长发展的理论高度,结合赠地大学的办学宗旨,提出"大学生成长发展六大目标",以此凝练并统一学生事务管理的价值追求。这六大目标包括:学术卓越、领导才能、培养为他人服务的精神、发掘人生目标、开阔视野、健康发展(身体和心理健康)。OSU 认为,虽然学生事务管理各部门并非专业学院,但其工作的

首要目标仍然是促进学生的学业成功。OSU 还广泛宣传这六大精炼、简洁的目标，使之成为为广大教职员工和学生所了解并认同的价值原则，有利于学生事务管理各部门在根本目标一致基础上的向心力形成及广泛深入地开展各项合作，也有利于促进学生在明确了解学校对其发展期待的基础上更好地进行自我引导和自我教育。

（三）致力于培养学生的领导力和自主性，充分体现了民主、尊重和信任

在 OSU 学生事务各部门的管理模式和运行机制中，培养学生的领导力和自主性是非常重要的部分。比如，OSU 的校园生活部下设专门的"领导力发展办公室"，该办公室通过组织开展领导力系列课程、第二课堂活动等方式，致力于 OSU 学生领导力的培养和发展。此外，OSU 还在很多管理环节都让学生参与领导团队，体现了对学生领导力及自主性的重视与促进。比如 OSU 以校学生会为总的领导中心，共商学生事务，使其实际学生利益最大化。学校制定各项政策、预算都要咨询校学生会并此获得他们的支持；每年 100 万的学生活动经费由"第二组织（学生）"在对所有社团活动进行成效评估后进行合理分配（主管学生事务的副校长没有投票权）；在学生被举报有违反学术诚信等情况时，采取听证会的形式并尊重学生提出申诉的权利；校园住宿生活部聘请并培养学生做宿管助理（本科生为层长、研究生为楼长），并创新在研究生宿舍区建立"家庭服务中心"等。

（四）服务学生与教育学生的职能并重，界限明确且规则清晰

OSU 的学生事务整合全校的资源，各部门密切合作，为学生提供所需的各项服务。比如在校级和院级都设有提供就业咨询服务和学业指导服务的机构，以便学生及时获得与本专业最相关的职业资讯及学业帮助；在学生公寓专设的"学习生活社区"中，学生也能最便捷地获得学业有关的服务。校就业指导中心还聘有"专职职业顾问"，为残疾学生、留学生及其他特殊群体学生团体提供职业指导；而校友就业服务机构还会为下岗、转换工作的毕业生提供持续的跟进服务。在服务学生的同时，OSU 对待学生校园违纪现象（如违反学术诚信和行为规范）采取重教育轻处罚的处理。他们对有问题行为的学生提供清晰明确的指导、反馈，并指定有教育目的的任务，促进学生从后续的学习、实践中真正有所领悟、从认识和体验上有所触动，从而增强了教育的成效。

（五）注重数据收集和实证评估，有助于为学生提供真正行之有效的服务

OSU 的学生事务各部门都非常注重对自己新开设（或不确定效果的）项目及活动进行成效评估，他们分析评估指标的科学有效性，并从多角度，采取多种与目标相匹配的形式来开展评估。比如就业指导中心在评估收效时，会收集学生注册某项服务的人数、学生咨询机构辅导预约数、为雇主推荐学生的人数、简历推荐数及参加校园面试的人数等。学生接受某些服务项目时需要刷卡，因而可以准确了解学生对该项服务、资源或设施的使用情况。

四、对我国高校的启示和建议

（一）推动辅导员职业化、专业化水平的建设，增加辅导员的认同度和归属感

相对于美国学生事务管理工作队伍的职业化、专业化发展，国内高校的辅导员大部分时间主要从事日常的行政和管理事务，难以进行持续的专业学习和发展，因而在工作的稳定性、连续性存在一定的问题，距离职业化、专业化发展还有较大差距。因此，我们需要做出对此做出系统筹划，强化辅导员专业知识和技能的培训，提升高校学生工作队伍的专业水平。如制定硕士博士生培养的具体标准，从学历学位教育的方面提高专业化水平；制定高校学生事务管理人员的培训机制，不仅要让他们站在整个高等教育人才培养的高度来思考学生事务的地位与作用，更要学习包括学生发展理论、职业生涯、心理健康等领域的专门知识与技能；制定相应的晋升机制和考核机制，创造条件鼓励辅导员努力实现向专家的跨越，增强对自己身份的认同感和职业归属感。

（二）加强学生管理和服务各职能部门间的沟通与协作，提高工作质量和效率

在美国高校，学生管理都是在学校层面，学院一层只负责学生的学业发展，因此学生管理的各部门之间有着紧密的联系和合作。但是，在国内很多高校，学生管理主要是在学院一层。因此，与学生学习生活密切相关的职能部门之间的交流和协作还有待拓展和深化，以真正形成学生事务管理各部门之间既分工明确、界限清晰，又有很强的整合协调性，内部沟通非常密切的局面。具体形式可以采取定期开展工作交流与午餐会、不同职能部门之间主要岗位的轮岗等。

（三）提供更多的平台和空间，鼓励学生参与学生管理和服务，真正培养学生的领导力

领导力是 OSU 学生培养中非常重要的目标之一，也是我国高校人才培养的重要方向。因此，建议学校为学生提供更多自主管理的平台。比如，在宿舍管理中设置学生园长、楼长和层长，在接受系统培训后上岗；还可以考虑在学生宿舍区设立活动室，给予场地和经费上的支持，让学生更多参与管理和活动策划组织，让课余的生活更为丰富多彩。此外，还应鼓励学生多参与学校的各项管理和决策。如除了传统的"学代会"制度外，还可以让学生逐步参与违纪处理、对职能部门的服务评价、对学校各项发展的献计献策等，真正拓展学生参与决策的形式和内容，并让建议和决策形成相对比较固定的机制。

（四）在学生管理的运行中，注重教育职能的发挥，提高教育的专业性、规范化和程序化

大学生是尚处在成长发展中的个体，人格、价值观等都在形成和逐渐稳定的过程中。在这样一个特殊而重要的人生阶段，对学生施加主动而积极的预防性教育具有非常

重要的意义，而当学生在犯错后的补救性教育也同样在学生的成长发展中扮演了非常关键的角色。就如 OSU 在学术诚信、校园违纪等情况发生后，都有一套相对完善、程序化的管理策略。相比之下，我国高校在教育意识、管理规范化、程序化方面都有待加强。尤其是要通过一些有针对性的教育活动，真正让学生有所触动，能切实感受到问题行为、违纪行为对自己和他人所带来的伤害及影响。通过这样教育大于惩罚的管理，促进学生从错误中学习和成长，而不是带着压力和羞耻前行。

（五）提供更多有针对性、个性化的服务项目，满足学生多方面的成长发展需求

在 OSU，服务对象的多元化和对特殊群体服务的专业化，给我们留下了深刻的印象。有学生反馈说："凡是我们有需求的地方，学校都为我们想到了。"可见，学校的服务与学生的需求是非常贴合的。因此，建议我国高校的学生管理中，也逐渐拓展更多针对少数民族群体、贫困生群体、同性恋（双性恋）群体、留学生群体、学业和就业困难群体、残疾学生、身体有慢性疾病的学生等的专业化服务项目，让不同的群体都能感受到来自学校和教职员工的尊重和关怀。

参考文献

［1］邹放鸣. 美国高校学生事务管理的文化背景和基本模式［J］. 中国矿业大学学报（社会科学版），2010（4）：69-77.

［2］陈应鑫. 理念·体系·特色·启示——美国高校学生事务管理工作探析［J］. 高教论坛，2014（2）：3-7.

［3］张菡，毛永宏. 美国高校学生事务管理专业化发展及其启示［J］. 华中师范大学学报（人文社会科学版），2013（4）：149-152.

［4］刘红明. 美国高校学生事务管理的特点及其文化探源：基于对美国加州富乐敦州立大学学生事务管理的考察［J］. 中国成人教育，2013（6）：133-136.

［5］徐继玲. 美国高校学生事务管理工作的特点及其启示：以哥伦比亚大学师范学院为例［J］. 上海青年管理干部学院学报，2012（2）：62-64.

家庭经济的拮据与贫困学生教育的困境

——一项基于高校家庭困难学生学习与家访情况的研究

金融学院　　　马丹丹

学生工作部　　　方从慧

摘　要：笔者通过日常教学和暑期家访对十位高校家庭经济困难学生展开研究、调查，可以发现贫困学生家庭不仅经济拮据，而且家庭教育缺失。通过与学生日常谈话、家访活动的现场观察及访谈反映出家庭经济的拮据，家庭教育几乎空白，乏力又无法。高校被托付了既要指导学生学习，又要给予生活关怀、成长指导的重任。贫困学生对学校教育怀着希望、坚守，又有几许无奈，贫困学生的教育陷入困境。

关键词：贫困生　家庭教育　高校教育

家庭是社会的细胞，是组成社会的因子，家庭文化是社会文化在家庭小环境中的折射。在长期的城乡二元结构下，农村家庭在城乡经济的比较优势中，一大部分青壮年选择进城务工，孩子则留守家乡。与此同时，这些进城务工者由于学历、技能等因素，他们的经济地位、社会地位在城市中处于底层。这样的家庭在培养大学生时，往往经济拮据，对子女的教育也比较缺乏。

学生是祖国的未来，对推动经济社会向前发展进步起着重要的作用，是实现中华民族复兴不可或缺的中坚力量。2004 年，《中共中央国务院关于进一步加强和改进大学生思想政治教育的意见》（中发〔2004〕16 号）文件下发以来，思想政治教育工作者需要不断努力，扎实有效地落实这一科学、及时的重大战略决策和指导方针，积极采取有效措施，改进教育管理方式方法，不断改进思想政治教育方式方法，拓展思想政治教育新途径，努力提高针对性、实效性。贫困学生家庭经济拮据、家庭教育缺失，这些特点要求我们一定要深入分析这批"80 后""90 后"的心理特点和思想走向。

家访曾经是加强家庭和学校联系的重要方式，在家庭教育和学校教育合作育人中起着重要意义。但随着生活速度的加快，通讯工具、新媒体的广泛运用与高校招生规模扩大，特别是地域的远距离分散，教师到学生家庭中进行家访已经成为"昨天的故事"。西南财经大学从 2014 年 6 月探索性开展贫困学生家访活动，对位于四川、重庆两地的40 余名贫困学生进行了家访，借此构建家庭、学校和学生三位一体的育人环境。笔在参与这次家访活动并对被访学生的学习、生活、成长进行教育研究发现，家庭经济拮据和家庭教育缺乏使家庭原有的生产、教育与抚育功能退化，尤其是家庭育人功能出现了严重的弱化，贫困学生家庭教育陷入困境。本文试从高校学生学习、生活状况与家访状况的视角出发，研究家庭经济状况对大学生教育的影响，分析当前贫困学生教育面临的艰难处境。

一、 贫困学生在校学习情况与家访状况

本次家访贫困学生 40 名，本文从笔者参与访问的且较为典型的 10 名学生及其家庭中选取 5 个作为剖析对象。这些家庭分布于四川绵阳江油周边乡镇，经济状况整体比较贫困，对子女的家庭教育非常缺乏，基本上把所有的教育期望都寄托在高校。

A 同学是工商专业大三学生，担任班长，乐于助人。暑期一直在外实习而没有回家。本人自诉由于家庭经济原因，打算毕业后直接就业。他家住在江油附近乡镇，母亲月收入 1 000 元，父亲由于车祸不能做重活。家庭一年收入就一万多，学费东拼西凑可以交上，没有申请国家助学贷款。母亲谈到孩子懂事，只是孩子看起来很瘦弱。谈到家里经济拮据，不能给予孩子太多经济上的支持时，母亲声泪俱下，泣不成声。对于教育，他们完全没有能力，学习靠孩子自己，找工作只能依靠学校，担心孩子失业。他们反复问我们孩子是否能够找到工作，希望学校给予帮助。

B 同学是人力资源专业大三学生，暑假在外实习。在老师眼里，该同学与同学交流不多，学习、课外活动都不积极。本人自诉希望就业，希望学校给予就业帮助。家住江油市区安置房，父母从小离异，父亲从未尽过抚养义务，对父亲没有任何感情。母亲依靠给亲戚带孩子每个月赚 800 元钱，家里的冰箱与沙发是亲戚支持购买。大学后没有买过新衣服，依然在穿很多初中的衣服。母亲谈到自己没有文化，在家庭教育上几乎是空白，家里没有钱也没有背景，担心孩子找不到工作，希望学校在孩子找工作的过程中给予帮助。

C 同学是金融专业大一学生，家访时正值学校军训。据辅导员了解，该同学平时表现比较普通。本人自述对于大学的学习与生活还没有明确的打算，只是希望毕业能够读研究生。他家住在江油市，父亲为国企工人，每月收入 1 000 元左右；母亲没有工作。家里住房为外公所有，学费由爷爷支付。这是一个典型的"啃老"家庭。父母文化程度都只是小学，没有办法进行教育和学业指导，生活费勉强可以给予，希望学校多给予指导与引导。

D 同学为人力资源专业大二学生，暑假还在上课。据辅导员了解，该同学成绩平平，家庭情况对其影响比较大。本人自诉父母离异后，父亲再婚，自己与继母无法相处，心理憎恨父亲。家住安县，父亲为乡镇教师，每月收入 2 300 元左右，因为再婚后妻子没有工作，又要养两岁儿子和承担大女儿生活费，导致经济拮据。因为与前妻关系破裂，导致与女儿关系僵持，女儿很少与之交流，也意识到目前的家庭关系已经影响了女儿的身心、生活与学习，无法对女儿进行家庭教育与引导。

E 同学为统计专业大二学生，暑假还在上课。据辅导员反映，该同学自信心不足，对于学习、大学生活都力不从心。本人自诉由于自信不足成绩不好，也没有参与更多的学校活动。她家住安县附近地震安置房，家里还有一个弟弟在读高中，父母均为农民。目前父母是以上山挖药为生，周一至周五住山上，周末回家。家里每年收入不足 2 万元，面对两个孩子，压力很大。家里经济收入极度有限，没有能力给予孩子帮助，孩子只能依靠自己和学校。

二、家庭经济的贫困与教育功能的退化

我国城乡经济发展不平衡，城市生活环境远远优于农村。出于改变家庭经济落后状况，为子女接受教育提供经济支持的想法，大量农村人口涌入城市务工，这是农民打工收入与务农收益进行权衡的结果。有一部分农民留守家乡，从事与农业相关的工作。在城市由于企业体制改革、重大家庭变故等，让身在城市的务工农民甚至比在农村时更加贫困，他们没有土地，唯一的希望就是子女能够找到工作，能够为家庭提供经济来源。这直接导致家庭教育陷入瘫痪，家长的教育背景与经历都无法给予子女家庭教育，学生把自己生活、学习以及工作的诉求都指向学校。加之子女进入城市，身边环境发生了巨大变化，导致亲子联系与交流较少，双亲与子女的感情联络也一定程度出现隔阂，家庭的教育功能无法发挥。

贫穷的家庭经济状况给学生求学、成长生活带来巨大压力，从某些程度上来说也限制了学生追求更好的发展机会。由于家庭入不敷出，家长们面临生活的重压，对于子女的教育问题无能为力，更谈不上成长指导。所以出现我们的贫困学生 B 同学在学校表现平平，E 同学自信心不足，A 同学生活上省吃俭用等等，而这些就出现了我们常说的双重贫困。

满足人类社会生存和发展的需要是家庭制度的功能。更好地满足家庭成员的生存和发展需要是某个家庭存在的意义。家庭对其成员的主要功能包括生育、抚育、赡养等方面。[1] 就学生与家长关系而言，在其中占据主要地位的是家庭教育与抚育功能；对学生的成长和发展而言，家庭必须切实承担教导子女基本社会生活技能的职能，从而为学生有效地接受高校的专业教育提供条件。但是现实中，由于家长外出打工、家庭变故等原因，家庭对学生的成长和发展的抚育功能基本上要依靠学生自己和学校完成，生活中的家庭教育几乎处于停顿和空白状态。这一点从我们家访过程中谈到学校教育和对学校工作建议中，所有家长都表示自己对应教育与引导孩子无能为力。贫困学生家长文化程度都在初中以下，家庭教育陷入无力与无能的苦境与较低的文化程度以及经济文化水平有重要联系。没有稳定的经济来源来为子女文化教育提供条件，不明白教育对人的发展的极端重要性。除了 D 同学的父亲还是乡镇老师外，其余同学的父母文化程度都在初中以下，但是 D 同学由于家庭变故，让她也没有得到足够的家庭教育。包括我们后面家访的

---

① 杨建忠. 家庭的衰落与农村学生的困境 [J]. 教育导刊，2012.

4 户家庭，家长有在外打工的，有务农的都无一例外谈到孩子的学习教育高中依靠自己与老师，大学依靠自己与学校，今后也就只能依靠自己。父母几乎都是文盲，没有多少文化可言。

三、 贫困学生的家庭教育缺失与参与教育的坚持

　　家庭经济拮据、父母受教育程度低导致贫困学生家庭教育功能的弱化，不能够为子女营造较好的成长环境。这个群体的子女进入大学后的自卑、恐慌等不适应状态在一定程度上成为了目前我国高等教育的困境之一。可喜的是在国家对高校贫困学生实行国家助学贷款、国家助学金等一些政策后，贫困学生在校期间的经济压力基本解除。通过家访访谈注意到一方面这个家长群体都意识到教育对于孩子的重要性，宁可自己省吃俭用也不让孩子错失学习机会，他们深知自己没有知识对自己生活与家庭带来的种种问题。在 E 家庭中，虽然父母周一到周五为了节约路费与生活费都居住于深山，还是要把节省下来的钱极力提供给两个孩子读书，在 C 家庭为了孩子读书 50 岁了还要啃老，家长对于教育的价值，对于依靠读书改变命运，教育的回报是肯定的。另一方面，孩子对于教育是坚持的，他们深知从古至今，引导和形成人的价值、创造人的幸福生活是教育的目的。① 他们看到了教育收益的长期性，能深入认识到教育对促进个人及其家庭发展具有长远价值。

　　贫困家庭举全家之力培养大学生，既是坚守，又是追求。他们在贫困辛劳的现状和美好发展的未来之间守望。他们越是贫困，越是坚持着对教育的期盼，期望通过高等教育将来的预期收益来改变子女的生活阶层和水平。因此，高校的奖助金政策对贫困学生及其家庭所赋予的不仅仅是经济支持，更多的是承载着无数贫困家庭对教育的希望、对未来的憧憬、对党和国家的信任和感恩。所以，怎样更好地坚持和完善对贫困学生的经济支持，发挥好高校对贫困学生家庭的教育帮扶、心理支持，让高等教育主动承担起对贫困学生及其家庭的发展引导，不要让贫困学生教育成为压垮贫困家庭的"最后一根稻草"，是一件任重道远的"常年大计"，值得我们所有高校教育工作者深思笃行。

参考文献
　　［1］杨建忠. 家庭的衰落与农村学生的困境［J］. 教育导刊，2012.
　　［2］郝文武. 教育哲学［M］. 北京：人民教育出版社，2006.

---

　　① 郝文武. 教育哲学［M］. 北京：人民教育出版社，2006.

高校构建发展型资助工作模式探索

工商管理学院　　　王　苏

国际商学院　　　谢　鞅

摘　要： 为解决高校贫困生在经济方面所遇诸多问题，我国已从多方面出发构建了"奖、助、贷、勤、补、减"六位一体的高校贫困生帮扶机制。随着国民经济和社会文化的不断发展和学生群体的不断演进，高校学生资助工作面临新的要求和挑战，单一的经济资助已不能完全适应学生成长的需要。因此，高校坚持创新工作理念，积极探索更具可持续育人功能的"发展型资助"新模式，在创新高校资助工作上意义重大。

关键词： 高校　贫困生　资助体系　发展型资助工作

教育部、财政部对高校贫困生的界定是：本人及家庭难以负担其在读期间基本开支，求学及生活贫困的学生。然而由于我国在经济转型期产生的城乡经济发展不对称、高考入学率提高等多种原因，高校贫困生数量并未随着经济发展而显著减少。随着高校贫困生问题的突出，中央和地方政府也不断完善高校贫困生帮扶机制，社会各界也通过设立奖学金、实习岗位等帮扶形式，进一步确保贫困生能够满足其基本生活需求。但高校贫困生问题依然是社会关注的热点问题。

一、当前高校资助工作的现状

党和政府始终高度重视高校贫困生的帮扶工作，党的"十八大"报告中已明确提出，各方要认真落实好针对高校贫困生的科学资助工作，对新时期高校资助工作提出了新的要求。2013 年，教育部在报告中指出，我国正逐步以"奖励、补助、贷款、勤工俭学、减免"为着力点，构建全面科学可持续的高校贫困生资助体系，同时，也向高校新入学贫困生开放"绿色通道"。同年，政府、高校及社会设立的各类奖助学金、勤工俭学岗位等共资助高校贫困生 3 700 万余人次，资助总金额达到 574 亿余元，比 2012 年增加 26 亿余元，增幅达 4.80%。从《中国学生资助发展报告（2007—2011 年）摘编》中也可以看出，政府不断加大财政投入力度和完善资助政策，贫困生资助工作已取得阶段性的进展和成效，而"切实避免贫困生因经济难题而失学"也不再是愿景，这些政策在推动教育"普惠化"进程中发挥了重要作用。

二、当前资助工作模式存在的不足

当前，尽管各高校已经构建起较为系统的"奖励、补助、贷款、勤工俭学、减免"系列帮扶机制和"绿色通道"制度，但随着我国进入发展"攻坚期"和改革"深水区"，一部分新问题也难以避免地浮现出来，具体表现在高校资助工作制度设计和实际操作过程中还存在一些不足。

（一）认定工作难度大

高校贫困生认定是高校资助工作的先决条件，但目前认定工作在实际开展中并不顺利。一是指标评价体系缺乏。大部分高校现有的贫困生指标评价体系相对比较宽泛，在科学性和公平性方面有所欠缺，对于学生困难与否的认定以及贫困等级的判定没有科学化的指标，往往凭借经验判断或生搬硬套文字标准。二是贫困生认定的可信度有偏差。这是由于高校贫困生的认定依据较少，主要通过生源地相关部门开具的贫困生证明、家庭经济情况认定证明等进行认定。然而出具相关不实证明对各方而言无任何成本，一纸证明很难保证信息的真实性，且城市之间、城乡之间的最低生活保障标准不同，仅靠困难证明里的文字描述或收入情况作为认定标准就显得缺乏科学性。

（二）资助方式较为单一

当前现有的资助体系，主要从解决大学生经济困难，保证上学的根本性问题上来设计的，以单一的经济资助为主。一是容易忽略学生发展的其他需要。由于此机制着力针对贫困生进行经济帮扶，资助方往往会忽视贫困生因家庭贫困而导致的心理及衍生问题，贫困生在成长过程中的"内在"需求得不到满足。二是政策上容易产生重叠。在国家资助体系和社会捐资助学中，大部分帮扶措施都面向经济困难学生实行，然而乏于高屋建瓴的整体规划，且都以经济资助方面为主，易形成重复资助、覆盖面有限等现象，使资助体系整体效应难以发挥。

（三）育人功能不够突出

立德树人是高校的根本任务，资助工作是管理服务育人的重要环节，资助工作的开展必须要发挥资助育人作用。然而，现有资助方式往往看重经济的直接资助，并且无偿资助的比例过大，弱化了资助工作的育人价值功能。一是育人导向不够明显。除助学贷款和勤工助学外，其他资助方式都为无偿资助，虽然能一定程度缓解学生经济困难，但也容易引起部分学生主体意识薄弱，滋生出"等、靠、要"的依赖思想。现有单纯的经济资助，在短期内实可解围，但疏于"育人"的长期影响，在某种意义上来讲，也不利于开展资助育人的教育和引导。二是受助后管理不够完善。高校对学生受助后的资金使用监督手段缺乏，受助学生的自律意识还比较欠缺，影响育人功效的发挥。少数受助学生中出现生活中爱面子、讲虚荣、缺乏勤俭节约的意识，感恩、诚信意识不强的现象。这不仅没有实现资助的真正意义，甚至事与愿违，带来了负面效应。三是政策曲解导致相反效果。近年来，随着国家和社会对高校资助工作的重视，高校贫困生受助力度和受惠群体日渐扩大，然而现实却逐渐背离了帮扶工作的初衷，使得部分贫困生对相关资助举措产生曲解，个别学生在获得资助时不仅毫无感激之情，甚至认为是理所当然。甚至产生有些学生被奖励额度吸引，争抢"受助困难生"名额，这不利于他们树立正确的价值观和诚信意识，也将误导一部分贫困生的感恩认知，甚至可能为社会带来极为恶劣的影响。

（四）对心理贫困帮扶不够深入

当分析影响贫困生身心健康及性格特征的影响因素时，不可忽视的是贫困生的家庭背景和成长经历。部分来自农村或偏远山区的学生进入大学后，由于客观成长环境造成的先天不足，面对巨大的环境反差容易产生自卑和自尊共存的矛盾，他们较为内向，个别贫困生甚至存在自闭倾向，时常产生压抑、焦虑、过度敏感等不良情绪。即使部分大学生获得资助缓解全部或部分生活压力，但原有的自卑心理无法得到帮扶，甚至在获得资助后产生新的自卑心理，进而更加封闭，更加缺乏自信，并且可能引发学业贫困和就业贫困等问题。

三、构建发展型工作模式的主要内容

发展型资助是相对于现存的以针对高校贫困生单一的经济资助而言的，是指高校根据发展育人的理念和"三全"育人的要求，以捐赠助学资金、打造成长项目、提供生活学习物品、提升能力水平等多种方式对学生开展资助。不仅要提供经济资助，更要提供精神资助，实现"助人"与"育人"相结合，从而提升高校贫困生的综合素养，助其建立起良好的人格和品行，以进一步将受助个体的长远发展落在实处。发展型资助相较现有的资助模式，更为完善和可持续；新兴资助方式也是从另一方面践行着社会资源配给公平，推动着现代化教育内涵式发展。

（一）架构多元补助体系，保障学生日常生活

在学校建立"奖励、补助、贷款、勤工俭学、减免"的多元资助体系基础上，根据每个经济困难学生不同困难情况和受助情况，同时给予一次性困难补助、临时困难补助、专项补助（春节慰问补助、假期路费补助、寒衣补助）等，完善经济资助体系，确保保障性资助的底线。

（二）建立贫困生数据系统，全面准确掌握信息

建立高校贫困生联网动态数据库系统是开展针对性资助工作的当务之急。在每份数据档案中，除个人信息情况、困难等级、发展需求外，还需注明贫困生的"奖励、补

助、贷款、勤工俭学、减免"以及学习情况和诚信记录等等，也要定期及时更新，以便于全面及时掌握贫困生的综合情况，做到统筹兼顾，个性服务。

（三）优化体系内部结构，合理配比资助方式

目前，高校大学生资助体系包括"奖励、补助、贷款、勤工俭学、减免"，此套补助体系需按照该生的具体情况来具体确定受助方式，以发展型资助的理念合理搭配。一是有偿为主，无偿为辅。应充分认识并运用国家助学贷款的主体地位和功能实效，培养学生的诚信意识，降低奖学金、助学金等无偿资助方式所占的比例。在不影响贫困生日常求学生活的前提下，适度提升对其有偿资助的供给配额。通过弱化"补、减"的作用，强化"勤"工俭学的要求，优化资助体系的内部结构。二是拓宽岗位，规范勤工俭学。勤工俭学作为资助高校贫困生的传统方式，切实避免了一部分贫困生"坐等、依赖、索取"等不健康心理。目前勤工助学渠道日益多样化，机会也日益丰富，社会各层面积极鼓励着学生通过承担力所能及的劳务付出来获取报酬，培养学生自信自立自强的优良作风。三是优化资源分配，精准到位扶助。把握"适度性"原则，即察其所需，配其所用，助其所亟，不疏漏、不浪费。高校在开展相关工作中，首先确定学校所在地的学习生活基本费用标准，对受助学生实行经济资助"总额封顶"。合理分配经济困难学生的各项资助额度，经济资助不超过其在校的学习和生活费用标准，避免资源向少数人集中。鼓励"总额封顶"的经济困难学生通过勤工助学实现资助与自助结合；同时，开展精神资助、能力资助，促进经济困难学生全面发展。

（四）开展主题教育活动，强化资助育人功能

在当下高校贫困生受助系统的运作下，资助是物质保障，育人是教育宗旨，两方都不可或缺，助为育之始，育为助之终。要充分利用资助工作的平台，通过各类主题教育，拓宽育人路径。一是开展经济困难学生特色教育，要在资助工作中贯穿社会主义核心价值观的教育。结合经济困难学生特点，教育贫困生正确认识自身的背景条件、社会的公平性和国家的资助工作，做好价值判断和价值选择，培养强化感恩意识，塑造他们自信的心态，自强的状态和自立的常态。二是开展心理健康教育和心理咨询工作。对经济困难学生进行经济资助的同时，高校要做到物质扶助与情感关怀两手抓，帮助经济困难学生的同时不忽视心理维护与疏导；如设立"心理定点服务站"，指定党员学生干部和心理导师密切关注贫困生，预防并解决贫困生群体当中各类潜在的、现存的心理、思想问题；定期开展各种团体辅导活动，创造平等交流氛围，帮助经济困难学生拓展交际能力，树立信心。三是按需设项开展技能培训。按照项目运作的方式，针对贫困生的情况按需设项，有计划、有组织地进行各种能力的培训与指导，搭建平台，加强综合能力培训，提高他们的社会竞争力，为其进入社会发展打下良好基础。

（五）发挥自我管理作用，志愿服务提升价值

引导受助学生组建志愿服务队，由学生资助管理中心相关老师进行日常指导并开展公益活动。志愿服务队由奖助学金获得者自愿组成，自主开展，自我管理。以志愿服务

为载体，组织他们开展关爱他人，奉献社会等力所能及的义务劳动和志愿服务，培养贫困生感恩意识，增强其社会责任感。成立自强类校园组织，通过形式丰富的分享、服务活动促进贫困学生互相交流，强调自我管理和人际交往，切实帮助贫困学生形成身担重任、自强不息的意志品质。

（六）建立信息反馈机制，紧跟检验资助成效

高校经济贫困生一系列资助工作是一项复杂的系统工程，需要全方位、各环节的跟进反馈与分析总结。推动发展型资助日益完善的关键在于拓展信息收集渠道、建立跟进反馈机制。一是要建立学校与受助学生的反馈机制。要充分考虑受资助学生的评价，通过访谈、问卷、座谈等方式积极了解反馈情况，掌握学生最新需求动向。二是要建立受助方与资助方的双向反馈机制。通过搭建交流平台，增进资助方对奖助评选情况及受助方的了解，及时沟通反馈，有利于整合校内外资源，加强学生教育引导。

总之，发展型资助工作模式的建立，以"助困、育人、成才"为目标，一方面给予经济资助；另一方面培养、发掘其潜力，助其成长成才。做好发展型资助工作，要充分挖掘资助工作中每一个环节的育人因素，搭建多样化的实践活动平台，助其在融入群体服务社会的过程中，深化对自己的正确认知，进而实现自身的人生价值。

参考文献

[1] 张仁杰. 对家庭经济困难学生认定的思考 [J]. 学校党建与思想教育，2012，21：44-45.

[2] 杜坤林. 从保障型资助到发展型资助：高校助学工作范式转换及其实践 [J]. 中国高教研究，2012，05：85-88.

[3] 王新国，张红，池晓玲. 当前形势下加强大学生资助工作的对策 [J]. 学校党建与思想教育，2011，05：49-50.

[4] 马彦周，高复阳. 高校构建发展型资助的必要性研究 [J]. 湖北社会科学，2011，01：180-182.

[5] 唐文红. 从物质资助济困育人到励志强能育人——民族地区高校能力发展性资助育人的现实探索 [J]. 思想教育研究，2011，07：67-69.

[6] 张宏旺，李发军. 高等学校家庭经济困难学生诚信教育探究 [J]. 经济研究导刊，2013，01：280-281.

[7] 华鑫鹏. 高校发展型资助模式刍议 [J]. 科技信息，2013，12：98-99.

[8] 张玉屏. 高校家庭经济困难学生"非物质资助"路径探索 [J]. 西北成人教育学报，2013，03：60-62.

[9] 李玉翠. 高校发展型资助工作模式的构建 [J]. 文教资料，2013，24：104-105.

[10] 马彦周. 大学生发展型资助体系构建研究 [D]. 武汉：华中农业大学，2012.

[11] 顾宏亮. 高校家庭经济困难学生"后资助"机制的构建研究 [J]. 改革与开放，2009，06：181-182.

[12] 黄少玲. 论"助困"与"育人"相结合的高校学生资助体系构建 [J]. 学校党建与思想教育，2009，23：63-65.

[13] 姜旭萍，丁桂兰，严海燕. 关于高校落实大学生资助政策的机制创新 [J]. 中国成人教育，2009，16：51-52.

［14］李平. 高校贫困生资助体系现状及对策 ［J］. 科学与管理，2010，02：78-80.

［15］黄月琴，郑东辉. 高校贫困生助学与资助体系管理工作之探讨 ［J］. 长沙大学学报，2010，03：41-42.

［16］蒋伟. 关于高校贫困生资助工作的几点思考 ［J］. 重庆科技学院学报（社会科学版），2010，19：200-201.

［17］刘期彪，谭德明. 高校家庭经济困难学生资助工作与育人机制的模式构建——以南华大学资助育人工作为例 ［J］. 南华大学学报（社会科学版），2010，05：94-96.

［18］盛波. 高校家庭经济困难学生资助新模式探索 ［J］. 教育与职业，2012，09：738.

刍论学生管理服务模式创新

工商管理学院　　钟　鑫　和丽泉

摘　要: 市场经济的发展对高校的人才培养提出了更高的要求。而学生是高校人才培养的主体。如何发挥学生在学生管理服务中的作用非常重要。而学生管理工作目的在于有计划、有组织地发展和提高学生政治、思想、心理等素质。当今的高校改革更加突出以人为本,更加强调学生的主体地位。在此背景下,本文以我国高校学生管理服务模式为研究对象,探讨了高校学生管理的现状及存在的问题,提出符合当下现实要求的开放性、自主性、引导性的学生管理服务模式,并解释了该模式在学生管理工作实践的前景。

关键词: 高校　学生管理　创新

一、研究背景

(一) 高校学生管理服务模式现状

"学生管理工作"是指那些直接作用于学生,由专门机构和人员从事的、有目的、有计划、有组织地发展、养成、提高学生政治、思想、品德、心理、性格素质和指导学生正确地行为的教育、管理和服务工作。

高校学生管理的主要内容包括学籍管理、日常管理、奖惩管理、特困生管理、勤工助学管理、助学贷款审核、毕业生就业指导、宿舍管理、心理咨询等多项内容。[①]

在高校中,学生管理主要以学校学院行政管理机构为主,学生参与度较低。在该体制下,学生管理机制行政化倾向严重。目前的学生管理体制基于党政分开的原则,构建了校、院 (系) 二级管理体制。在学校一级,由主管学生工作的党委副书记主抓思想教育这一板块,设置学工部、校团委和党总支、团总支等管理架构;在院 (系) 一级,由主管学生工作的副校长主抓行政管理这一板块,设置学生处、院 (系) 管理部门、

---

① 刘国华. 高校学工系统人力资源绩效管理体系构建研究 [D]. 长沙:湘潭大学,2008.

政治辅导员、班主任等行政管理体系①。

在学生管理工作理念方面，与这种体制相契合，强调秩序，强调规范的"教育和管理"色彩仍然很浓，学生仍然处于一种被动接受状态当中。学生的创造力、创新能力得不到充分的发挥。

（二）现有高校学生管理服务模式存在的问题

如前所述，本文认为现有高校学生管理服务模式存在的主要问题有三个：

第一，在管理体制的设计上没有从根本上按照平等主体原则来确定管理活动参与各方的地位，这就导致管理部门、管理者居于主导地位，学生处于从属地位。这与我们对学生管理体制的期望，与当今日益平等自由的时代潮流的要求明显不符，甚至在某些方面正好相反。学生应当成为学生管理活动的主体，发挥自主性，逐步向"自我管理"转变。学生管理工作者应该转变观念，以服务于学生的全面发展为工作的立足点，增强服务意识，而不只是行政化的"管"。

第二，管理重心错位。高校学生管理工作主要包括学生的事务管理、行为管理、学籍管理三方面。工作重心应该是行为管理，而在实际工作中，学生管理工作者的大部分精力消耗在学生的事务管理上，如课堂考勤、综合测评、评比、安全检查等，对于行为管理，对于如何使学生成人、成才投入的时间很有限。

第三，管理工作与教学工作的不协调。学生管理工作是一个系统工程，要做好学生管理工作，需要系统内部各要素协调配合，形成合力，这就需要教学相关部门和人员，特别是广大教师加入进来，形成全员育人的良好环境，更好的促进学生管理工作的顺利开展。

综上所述，现有的高校学生管理服务模式存在诸多问题。高校的管理者们已经意识到该问题的存在，在新一轮的高校深化改革过程中，更加强调以人为本，更加强调学生的主体地位，这一改变将会实现学生们对平等和自由的渴望。基于以人为本的管理理念，高校学生管理机制将会从以下几个方面提升管理工作质量：一是激励机制，寻找多样化的物质激励和精神激励；二是压力机制，通过竞争获奖、竞争评优等措施使学生得学习生活面临挑战，让学生产生危机意识，并给学生施加适当的压力；三是约束机制，硬性的校纪校规约束配合校园文化约束、道德约束、学生自我约束，确保学生健康成长、顺利毕业；四是环境机制，打造一流的校园环境，包括先进齐备的硬件设施和民主、和谐、上进的校园文化。本文结合客观实际，提出开放性、自主性、引导性的学生管理服务模式来解答学生管理工作面对的难题，从而提升学生管理的工作质量和工作效率。

① 张勇. 以人为本的高校学生管理研究［D］. 武汉：武汉理工大学，2008.

二、构建新型学生管理服务模式的探讨

彼得·杜拉克先生认为：管理＝任务＋责任＋实践。我们提出构建一种开放、自主、引导式的新型学生管理模式，其目的就在于以学生为主体、更好的进行学生工作的管理任务、管理责任和管理实践。构建新型学生管理服务模型，其中开放性是前提，自主性是核心，引导性是保障。

（一）开放性学生管理服务模式

高校学生管理工作是高校工作的一项重要内容，是维护学校正常教学秩序、保证学生健康成长的基础性工作。开放式学生管理服务模式首先要以提供服务为主，在让学生充分自我管理的过程中提供解答疑惑、基础设施支持等服务，以促进学生活动的顺利进行。其次，管理学生工作的过程是开放的，充分开发学生潜能，重视过程而非只看重结果。最后，这是一种以人为本的管理模式，在管理工作中，注重学生的个性，因材施教，尽可能多地为学生提供锻炼自身特长的平台，根据学生兴趣爱好为学生提供展现自我的舞台。

开放性学生管理服务模式是一种以使学生充分自我发展为目的的学生管理模式，整个管理过程应该是以服务为导向，开放透明。具体可通过以下几个方式来实现：

第一，要有一套完整规范的管理服务体系。"无规矩不成方圆"，再开放的环境，也需要一定的规范来约束学生的行为，提供学生学习工作的参考标准。开放性的学生管理模式也需要有一套相应的体系去保证它的有效实施。这种体系的建立可以由学生参与建设。相应的规范制度落实到纸上，在管理工作中以此来约束各方的行为。

第二，整个管理过程要开放。从制度建立到最后对学生的考核，全部过程对学生开放，让学生可以充分参与到其中，了解整个服务系统是怎样工作运转的。并且，全程设置良好的信息反馈平台，让学生可以针对过程中出现的各种问题自由地提出自己的意见并得到及时的反馈。

第三，需要有一定的基础设施保证开放性学生管理服务模式的实施。例如公开的信息发布平台，有效的信息收集和反馈系统等，这些离不开高效率的信息化设备。学生可以通过这些信息系统发布和查询相关信息，组织开展各项活动。

第四，开放性的学生管理服务模式要为学生提供更多的能够使学生更好地自我发展的机会，支持学生创新思维。例如，为学生校内创业提供更低的门槛以及更多的资金支持，为学生组织开展社团活动提供更多专业化的咨询和帮助。对于学生的建议，要给予充分的尊重。

开放性学生管理服务模式最重要的是要求管理者有更开放、包容的心态，整个管理过程要以开放创新的理念指导管理工作的进行，尊重学生个性的发展，并为学生提供发挥自身特长的广阔平台。

（二）自主性学生管理服务模式

自主性学生管理服务模式从某种程度上说是实现学生自主管理的途径，其按着学生自主管理的理念、方法推动学生工作，实现高校培养自主能力强、综合素质高的学生目标，提高学生工作的效率。

自主管理是要求学生在学校和老师的引导下，发挥学生团队的协作能力和个人的主观能动性，更好的实现自我管理、自我服务的管理模式。构建自主性学生管理服务模式有以下几个途径：

第一，增强学生自主管理的意识。学生主动参与到学生自主管理中来，以主人翁角色实现自我管理和集体管理，在实践中逐渐提高其自主管理的能力，实现集体与个人的全面发展。

第二，学生进行自主管理。这包括以下几种方法：

一是鼓励学生自主性学习。兴趣是最好的导师，当然自主管理也离不开老师在课堂上的引导，老师不能一问的单向传授知识，也应当让学生积极参与到课堂教学中来，培养他们自主性学习的能力。当学生有了学习的乐趣，就会主动在课下阅读更多的书籍，来开阔视野、丰富知识，从而提高主动学习的能力。

二是鼓励学生自主参与集体管理，可以打破以往只有固定学生干部负责班级事务的常规，让全班同学在班级中轮流担任不同的职务，使每个同学够有机会成为管理者，通过这样的角色互换使得学生对自主管理能有更全面的认识，并充分发挥自己的积极性和创造性，提高他们进行自主管理的能力。

三是鼓励学生自主参加课外活动。丰富多彩的课外活动对提高学生自主性管理能力也是十分重要的，可以鼓励学生自行设计、组织可以增强心理素质以及身体素质的活动，提高他们自主参加课外活动的积极性，从而丰富课外生活，促进学生身心健康发展。

第三，加强监督，积极落实，形成良性循环。虽说无规矩不成方圆，但在各个方面的制度如果不能有效的实施、监督、反馈与总结，也形同虚设，所以针对以上所提出的自主性学生管理服务模式应该积极的落实，学院可设立监督评议小组，对各项管理的实施情况进行定时的检查与总结，形成良性的循环，营造一个易于提高学生自主性管理能力的环境。

（三）引导性学生管理服务模式

引导性学生管理服务模式可以看作是在充分发挥学生的主体作用的前提下，引导学生自我认识、自我教育、自我管理以及自我完善，开展与学生需要相关的学生管理服务工作，促进学生自尊、自爱、自律、自强以及养成长远的自我发展能力。

通常，教育与自我教育是一致的。而管理与自我管理也应当是一致的。在引导性学生管理服务模式下，高校学生管理机构改变以往"重管理、轻服务"的管理方式，在系统管理办法的基础上，强调学生管理工作的服务性，突出学生的主体性。最大程度地让学生实现自己的主观能动性，引导式服务管理体现在以下几个方面：

第一，用社会主义核心价值观在思想上引导学生，旨在让学生树立正确的人生观、价值观。从提升民族和人民的精神境界看，核心价值观是精神支柱，是行动向导，对丰富人们的精神世界、建设民族精神家园，具有基础性、决定性作用。一个人、一个民族能不能把握好自己，很大程度上取决于核心价值观的引领。对于人生观、价值观正出于塑造阶段的高校学生而言，用爱国、敬业、诚信、友善的社会主义核心价值观来引导他们是十分必要的。

第二，引导学生严于律己。学校、学院、班级组织开展的学生活动立意要高，同时要注重引领学生严于律己，让学生在丰富多彩的活动中实现"德、智、体"的全面发展。例如，学校、院系组织开展学术讲座，旨在引导学生学习、刻苦钻研，提高学生的科研能力与学术水平；学校、院系组织开展各类体育比赛活动，旨在引导学生强身健体，毕业后才能为实现两个全面的伟大事业贡献自己的力量；学校、院系组织开展各类志愿者服务项目，旨在引导学生进行自我教育，在志愿者活动中让学生亲身体验帮助他人的乐趣，提升学生的道德水平。

第三，引导学生开展自我管理。第一，引导学生个体进行自我管理，鼓励学生做自我管理记录①。记录内容包括学习所得、思想感悟、人生体会皆可，并由辅导员定期组织分享会。第二，引导学生组织管理高校学生，发挥学生组在联系学生群体方面的优势，在各级党组、团委的领导下，突出学生组织"服务同学"的宗旨。②

第四，打造一流的学习、生活环境，实现引导式服务管理。在硬件设施方面，包括图书馆的建设与管理、教室自习室管理、多媒体设备的安装优化、体育场所的建设与维护、学生食堂的建设与管理等。在软件方面，包括社会主义核心价值观的引导教育、文献检索系统的建设与维护、积极向上的校园文化建设、学生党建工作等。

三、 开放性、自主性、引导式的学生管理服务模式的前景

（一） 提升学校管理服务水平

开放性、自主性、引导性学生管理服务模式能在培养学生品德、促进学生发展、保障学生安全方面发挥重要作用，能够大大提升学校管理服务水平。

在这种新型模式下，高校学生管理工作将会更加灵活、更加突出学生的主体性，在强调管理与服务双管齐下的理念贯彻之后，高校学生管理水平将会在管理工作的开放性、引导性中不断得到提升。第一，新模式主张服务学生的理念。从教育消费合同的视角来考察高校学生管理，高校和学生之间的法律关系表现为：高校作为我国高等教育的提供方，理应为学生提供全面的教育服务，而学生作为一个"消费者"应当具备一定程度的自主性。这种关系定位打破了高校学生管理的行政化倾向，高校学生管理注重的是学生的需求，并提供优质服务。第二，给予学生更多民主参与的权利。高校学生已是

---

① 斯特拉·科特雷尔. 学习技术手册［M］. 靖晓霞，译. 北京：北京大学出版社，2012.
② 汤春蓉. 清单引导式学生事务管理模式构建［J］. 中国成人教育，2014.

我国成年公民，具备了独立的判断能力，并有权参与学生管理工作。高校作为管理方，应当给学生更多的机会参与学生管理工作相关决策并督促执行，努力营造平等、民主的管理氛围。①

（二）提高学生管理服务质量

具有开放性、自主性、引导性的学生管理服务模式，通过贯彻人本理念，将会大大提高学生管理工作相关单位、个人的工作质量和服务质量。第一，突出学生的主体性。高校在开展学生管理工作时，避免将学生简单视为接受特定命令的管理对象，而要将学生视为一种特殊的"消费者"。在系统管理办法的基础上，要给学生一定的自主选择权和决定权，让学生从心里认可和接受高校提供的教育和服务，从而提高学生的学习积极性和主观幸福感。第二，注重学生的个体差异。新模式下高校提供的教育、管理和服务尊重学生的个性化发展，而不是"一刀切"的管理学生。第三，突出管理服务的引导性。学校、各院系、班级、党组定期开展总结会议，在社会主义核心价值观指引下，从思想上引导学生努力学习、强身健体、培养良好的道德品性。② 通过推广开放性、自主性、引导性的学生管理服务新模式，高校学生管理服务将会从理念更新、制度创兴、民主多元等方面不断提升学生管理的工作质量。

（三）对高校学生管理工作实践的指导价值

高校学生管理工作一直收到国家、社会、各高校、学术界的广泛关注，高校学生管理工作事关国家人才贮备与输出，各层面的管理人员、研究人员都在思考高校如何科学的管理学生，如何才能突出学生的主体性以及制定服务性的管理办法。新时期面对学生思想观念的转变以及后现代多元化的人生价值观，高校学生管理工作质量和效率的下降有一定的必然性。那么面对越来越多的"90后""00后"学生管理问题以及社会对人才需求的变化，高校学生管理模式的改革创新迫在眉睫。因此，为了满足学生的自主性需求、提高高校学生管理工作质量，将开放性、自主性、引导性学生管理服务新模式广泛应用于学生管理，将会在学生管理实践中对管理理念变革、管理制度创兴、管理方法改进等方面具有指导价值。

总之，学生管理模式的改革与创新，必须始终围绕着祖国的人才培养战略目标，而衡量学生管理模式的优劣，需要用实践去检验，需要用时间去考量。在此，本文在"以人为本"的理念指导下，结合前人的研究成果，提出的开放性、自主性、引导式管理模式，希望能够对我国高校的改革与发展贡献自己绵薄的力量。

参考文献

[1] 王敏."六环节"模式中的学生自我管理 [J]. 四川教育，2013.

[2] 刘国华. 高校学工系统人力资源绩效管理体系构建研究 [D]. 长沙：湘潭大学，2008.

---

① 姜波. 人本理念下高校学生管理的路径创新 [J]. 华北电力大学学报，2015 (6).

② 戴聚坤. 高校学生管理工作研究："以生为本"的视角 [D]. 南昌：江西师范大学，2007.

[3] 姚晓阳. 试论学生自我管理组织在建设和谐稳定社区中的作用 [J]. 管理学家，2011（5）.

[4] 刘婷，蔡江雪，魏洪杨. 高校学生管理存在的问题及应对策略 [J]. 中国西部科技，2011（12）.

[5] 孟庆林. 约束管理还是引导管理 [J]. 教书育人·校长参考（引导性），2009（3）.

[6] 邵杰. 转变服务型教育，深化引导式管理——浅谈新形势下民办学生的管理模式 [J]. 网络出版，2014（2）.

[7] 边明鑫. 学生自主管理探索 [J]. 佳木斯教育学院报，2014（5）.

[8] 张勇. 以人为本的高校学生管理研究 [D]. 武汉：武汉理工大学，2008.

[9] 穆静. 我国高校学生管理模式研究 [D]. 扬州：扬州大学，2008.

[10] 戴聚坤. 高校学生管理工作研究："以生为本"的视角 [D]. 南昌：江西师范大学，2007.

[11] 孙林雪，等. "微时代"高校学生管理工作精细化路径思考 [J]. 开封教育学院学报，2013.

[12] 斯特拉·科特雷尔. 学习技术手册 [M]. 靖晓霞，译. 北京：北京大学出版社，2012.

[13] 汤春蓉. 清单引导式学生事务管理模式构建 [J]. 中国成人教育，2014（4）.

[14] 姜波. 人本理念下高校学生管理的路径创新 [J]. 华北电力大学学报，2015（6）.

第五章
职业规划篇章

财经类高校大学生职业生涯规划体系的构建思考

——以西南财经大学为例

财政税务学院　　杨　帆

摘　要：随着高校连年扩招，精英教育已向大众化教育转变。大学生就业形势和就业方式随之发生了深刻的变化。如何科学有效地指导大学生适应这一变化，是高校当前急需解决的问题。虽然自20世纪90年代开始，部分高校已率先开设了职业生涯规划课程和职业指导，但由于起步晚，专业人员缺乏等原因，仍然存在不少问题。针对这些问题，本文引入麦肯锡7S模型，从"战略""结构""制度""人员""技能""共同的价值观""风格"等七方面构建财经大学职业生涯规划体系。

关键词：财经类高校职业生涯规划　麦肯锡7S模型

财经类专业突出的特点是开放性与实践性。经济理论提倡不同的观点、学派自由讨论，传承与创新，交流与碰撞。同时，经济理论来源于社会生活，与人们生活、生产活动紧密联系，所以经济理论又具有很强的实践性。财经类大学生作为社会未来的财经专业人才，在他们学习过程中，容易接触到多种多样的经济现象以及建立在经济现象基础上的政治、文化现象，从而在这些学习实践过程中形成财经类学生的鲜明特色。本文主要研究职业生涯规划，根据安妮罗伊博士提出的"职业选择公式"，对于职业选择具有重要意义的共有12种因素。尽管在某些情况下，详尽的自我知识非常有用，但有三个因素，即价值观、兴趣和技能，在大学生的生涯决策制定过程中，是最为核心的自我知识[①]。因此本研究将从职业价值观、兴趣、技能等方面，以西南财经大学为研究样本，分析财经类学生的特点。

---

① 罗伯特·C.里尔登. 职业生涯发展与规划 [M]. 侯志瑾，等，译. 北京：中国人民大学出版社，2010.

一、财经类大学生的特点

（一）财经大学生的职业价值观特点

西南财经大学就业指导中心 2009 年曾对该校 2006 级本科生进行就业意向调查，调查对象全部为 2006 级本科学生，人数 1 884 名，分布在全校共 14 个学院。根据调查报告结果显示，该校本科毕业生第一次择业时，最看重的用人单位的三方面特点依次为：个人发展空间、薪水福利以及单位的发展前景。70% 以上的大学生将个人发展放在首位，说明学生刚踏入社会时非常关注个人发展；其次超过 70% 的学生认为薪酬福利也是最关注的因素，再就是单位的发展前景。

综上所述，我们可以大体概括财经类大学生的职业价值观特点。相比于其他专业学生，财经类大学生的职业价值观更倾向于精神的（个人成长与发展）和经济的（经济报酬与工作环境）。这可能是由于他们较早受到经济活动的影响，因此他们在生涯规划中更倾向于务实的需求。

（二）财经类大学生兴趣特点

根据西南财经大学的朗途职业生涯自我测评系统对该校 14 个专业的 200 余名在校学生测试的结果显示（见图 1），西南财经大学学生在社会型、企业型、常规型以及艺术型方面的兴趣特点表现突出。

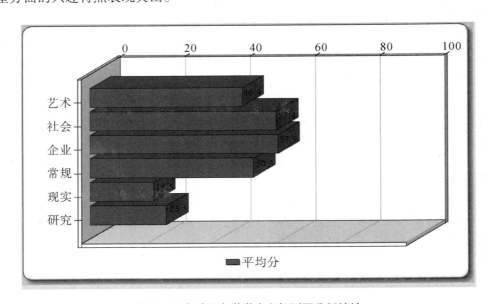

图 1　西南财经大学学生兴趣测评分析统计

据此，可以初步概括出财经类大学生的兴趣特点，他们大多数都属于社会型、企业型、常规型以及艺术型类型人格，喜欢组织协调他人，喜欢与人合作，喜欢创造、自我表达以及处理数据等。这是因为财经类学科的性质和这些职业兴趣类型的特点较为接近，而就目前的就业状况看，社会与这四类职业兴趣类型相关的职业及相关活动，也大多由财经类专业的毕业生从事。其职业素质要求较强的领导力及表达能力，细心、有条理、有原则，较强人际交往能力以及创新能力。

（三）财经类大学生技能特点

根据西南财经大学的朗途职业生涯自我测评系统对该校 14 个专业的 200 余名在校学生测试的结果（见图 2）显示，该校学生中拥有倾听、学习、人际交往、服务他人、口头表达、管理等方面的技能人数较多，拥有数学、设备管理、仪器监控、编程等技能的人数很少甚至没有，这与财经类学校的专业学习要求及专业就业要求相匹配。

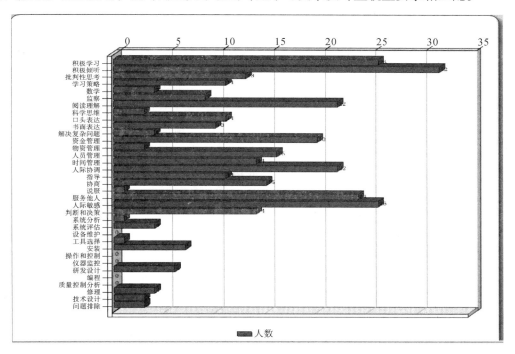

图 2　西南财经大学学生技能测评分析统计

据此，可以对财经类大学生的技能特点大致概括为：财经类大学生拥有较强的倾听、学习、人际交往、服务他人、阅读、口头和书面表达、管理等技能，这些技能也大致符合他们将来毕业所从事的工作要求。

二、西南财经大学大学生职业生涯规划的现状及问题分析

西南财经大学非常重视学生职业生涯规划工作，于 2007 年 6 月成立了学生职业规划与就业指导中心。虽然学校近年来通过以上职业生涯规划相关工作取得了较为显著的工作，但由于职业生涯规划工作起步较晚、师资缺乏以及具体工作中执行过程中缺乏连贯性、总体性、彻底性等原因，职业生涯规划仍存在一些问题。下面我们将从学生职业生涯规划意识调查、职业生涯规划课程现状及分析、职业生涯规划评测及咨询平台建设现状等方面对西南财经大学职业生涯规划体系进行较为全面的分析。

（一）西南财经大学学生职业生涯规划意识现状调查

西南财经大学 2009 年曾针对全校学生开展了学生职业规划意识调查。调查以 2 916 名本科学生为调查对象，调查学生分布在全校共 15 个学院，34 个专业。本次调查采取问卷调查法来收集资料，问卷主要询问了学生对职业生涯规划概念的认知情况、对自我的认知情况、自我规划程度、专业选择、未来就业规划以及希望学校在哪些方面提供职业规划支持等方面的问题。

通过调查，发现以下几个问题：一是学生对于职业规划的相关知识掌握得非常少，非常了解的只占 2.7%，大部分学生对其有一点了解，比例是 61.7%，而不了解和从未听说的人共占 35.6%。二是学生的自我认知度较低。62.2% 的学生对自己的性格特征比较了解，但对自身职业兴趣（35.1%）和能力特长（32%）方面比较了解的比例就偏少。三是学生自我规划度低。调查显示，大部分（79.7%）学生对于未来还是有一些思考，但拥有明确的未来职业目标的学生确不到一半。四是学生对外部环境认知度较低。仅 5.5% 的人了解用人单位的用人标准，甚至大约 7% 的同学根本就未曾考虑过这个问题。同时，学生专业满意度不高，调查显示，对于现在所学专业达到比较满意的学生不到一半，而面对专业不满意时，超过 60% 的同学选择了转专业或者辅修第二专业，但学校转专业或者辅修第二专业的指标根本无法满足如此多的需求。总的来说，西南财经大学学生的职业生涯规划意识较低，培养学生职业规划意识是当务之急。

（二）西南财经大学职业生涯规划课程建设现状

第一，师资不足。西南财经大学通过举办"高校职业生涯规划 TTT 培训会"及"GCDF"全球职业规划师培训，形成了一支较专业的师资队伍，目前学校共有 58 人获得全球职业规划师（GCDF）认证。开设了《大学生职业生涯规划》《大学生就业指导》两门课程，任课教师 35 人（2010—2011 学年课程师资情况见表 1）。

表 1　　　　　　　　　　　　　　　　课程师资情况

课程	授课对象	授课教师数	学生数量	师生比
大学生职业生涯规划	本科一年级	32 人	4 000 人	1：125
大学生就业指导	本科三年级	8 人	4 000 人	1：500

由此可见，无论是《大学生职业生涯规划》还是《大学生就业指导》，其师资都是不足的，因为职业规划课程授课对象的需求是个性化的，大班教学根本无法满足学生的需求。所以，西南财经大学现在的师资力量无法很好地完成全校的职业规划教学任务。

第二，课程效果评测有待提高。我们根据西南财经大学教学训练与评估中心的评教指标对大学生职业生涯的课程建设情况进行分析。评教总分以 100 分为满分计算，共分 10 个指标，各指标得分采取五档计分，10 分为满分，教师个人最后得分为其所开设所有课程评教人数的加权平均分。2010—2011 学年，全校共有 35 位教师从事职业生涯课程教学，我们将这 35 位教师的每个指标进行算术平均（见图 3）。

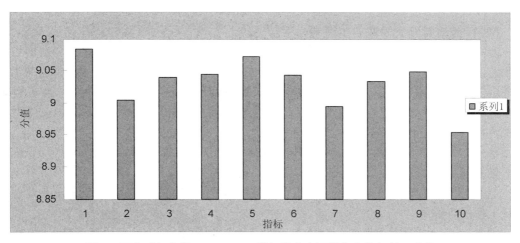

图 3　西南财经大学 2010—2011 学年职业生涯课程全校评教平均分

通过图 3 可以看出，指标 2（教师总体教学设计合理，重点、难点突出）、指标 7（教师注重激发学生的学习热情，通过交流反馈等多种措施，及时了解学生的学习情况）、指标 10（总体而言，你是否愿意向其他同学推荐这位教师）评分较低。这反映出，学生对于职业生涯规划课程的教学设计以及教师与学生的互动方面较不满意。此外，数据显示，指标 10 得分最低，仅为 8.95，显示出学生对于这门课或者任课老师的认可度不高。

将这 10 个指标评分求和后，得出全校 2010—2011 学年职业生涯规划课程所有教师平均评教总分为 90.32 分，而该学年全校教师评教平均总分为 91.16 分。职业生涯规划课程的评分低于全校平均值。

（三）西南财经大学职业生涯规划测评系统现状

西南财经大学引进了由北森测评技术有限公司与清华大学就业中心联合开发的朗途

职业生涯自我测评系统，此系统整合了职业咨询师、测评顾问、人力资源专家多年的职业指导经验，实现了国际上最权威的动力理论与应用最广泛人格理论的有效结合。尽管测试系统较为先进，但在实际运用过程中，还是存在一些问题。

第一，测评系统利用率不高。由于缺乏有效的宣传以及职业规划意识教育不足，西南财经大学的测评系统利用率非常低。现全校有本科生共计 16 000 人左右，截至 2011 年 10 月，完成完整的职业规划测试的学生仅有 113 人。

第二，缺乏有效的运行机制。虽然学校引进了较为先进的测试系统，但其测试所得信息未能充分利用。除学生自己能查看测试结果外，西南财经大学教职工心理健康与人力开发中心负责系统后台管理，但它的职责主要是负责教师职业生涯规划工作，与学生职业生涯规划工作无关。此外，职业生涯与就业指导中心（以下简称"中心"）有查看全校数据的权限，这可以满足中心的咨询师辅导时查询相关测试结果。但还是忽略了很重要的一点，即负责学生具体管理工作的学院（辅导员），无法查询到相关的测试结果。

（四）西南财经大学职业生涯辅导平台现状

西南财经大学自 2007 年学生职业生涯规划与就业指导中心成立以来，一直努力构建职业生涯辅导平台，并成立了首批 8 人的"挂牌"咨询队伍，并建设了相关的网上预约平台。2010 年，西南财经大学从事职业规划咨询的在校教师共计 14 人，开展咨询 100 余人次。经过访问中心工作人员以及接受过辅导的学生，西南财经大学职业生涯辅导平台在以下几方面还需完善：

第一，师资不足。学校现在从事咨询的 14 人中，5 人来自中心，其余 9 人均是来自各学院的辅导员。中心的 5 位老师都承担着不同的就业行政工作，而辅导员除带学生之外，也都承担着一定的行政事务。所以即使挂牌成立了咨询中心，但至今还没有专业从事此工作的咨询师。

第二，运行机制还需完善。学校现行职业生涯辅导平台机制为：中心将 14 位咨询师排班，学生登记预约和电话预约，中心安排咨询辅导。由于咨询师都是兼职，往往咨询师和学生很难约到合适的时间，效率很难保障。此外，中心至今只有一个咨询室，这在硬件上也限制了咨询工作的开展。

第三，西南财经大学职业生涯辅导平台的宣传力度还需加强。2010 年全年，共计开展咨询 100 余次，这与先前调查中发现大部分学生对于前景缺乏考虑和认知不足的状况相矛盾。调查发现，2 916 的样本中，有 1 155 的样本在回答希望学校提供哪些方面的职业生涯发展帮助时选择了生涯规划咨询。然而最终接受咨询的人数却只有 100 余人次，除提高学生职业生涯规划意识之外，加强生涯辅导平台的宣传也是很有必要的。

综上所述，可以发现西南财经大学大学生职业生涯规划还存在以下一些问题：一是学生职业生涯规划意识较低；二是生涯规划课程建设方面存在师资不足，课程设置不完善，缺乏有效的课程管理机制等诸多问题；三是大学职业生涯测评系统的运行机制需进一步改进。四是职业生涯辅导平台在网络平台、师资建设、运行机制三方面需进一步完善。

三、以麦肯锡 7S 模型构建财经大学大学生职业生涯规划体系

在高等教育逐步大众化、市场化的背景下，结合财经大学学生特点及现存问题，笔者认为财经大学的职业生涯规划体系的构建工作，与企业战略制定有着很多相同之处，可以借鉴企业的战略管理模式麦肯锡 7S 模型构建新的职业生涯规划体系（见图 4）。

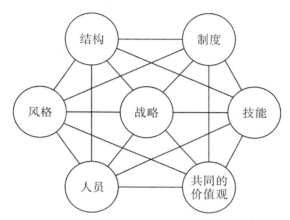

图 4　财经大学大学生职业生涯规划体系战略模型

在新的职业生涯规划体系模型中，"结构""制度""人员""技能""共同的价值观""风格"等六要素将共同服务于中心要素"战略"，而"结构"将是本研究着力研究的要素，力求为新的职业规划体系构建一个健全、高效、稳定的组织结构。七个要素之间相辅相成，共同构建起有效的大学生职业生涯规划体系。下面将逐一阐述这七个要素所涉及的工作内容。

（一）战略

财经类高校主要为国内金融业、工商企业等输送人才的重任，所以其职业生涯教育战略目标应该是：以服务学生、服务社会为宗旨；致力于帮助学生获得职业生涯成功发展所需的职业素质和技能；搭建学生与企业之间的桥梁，为学生提供更多的就业机会，为企业提供最好的招聘服务。

具体的战略措施为：一是搭建职业发展工作框架，建立起以"信息化""全程化""功能化"为基础的职业发展中心工作平台，提升学生职业规划意识；整合校企资源，拓展企业客户，建立广泛影响，使职业发展工作顺利运转。二是依托于现有平台和资源，理清与就业相关的校内外部门之间的关系，完善职业发展工作框架以创新的思路和理念全面提升学校的就业率与就业质量。三是在保证就业率的基础上，以校友会、基金会建设为抓手，提升就业质量为目的，实现职业发展中心工作的职业化、社会化运作。

（二）组织结构

组织结构是战略实施的重要保障，在确定学校职业生涯规划体系的战略后，据此就可以构建相配套组织结构。财经大学职业生涯规划体系的战略目标对内的服务核心是学生，同时鉴于国内家庭观念较深的原因，在构建学校职业生涯规划体系时，也要考虑到家庭的影响因素。因此，财经大学学生职业生涯规划体系的成员应该由学校"职业生涯规划与就业指导中心"中中心、学院、家庭、学生四方构成，工作运行方式应该以学生为中心，整合学校职业生涯规划与就业指导中心（图5中简称"中心"）、学院、家庭三方资源，相互沟通、协作，共同做好学生职业生涯规划工作，如图5所示。

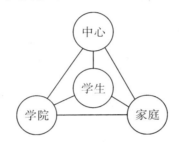

图5　学校职业生涯规划体系成员构成图

在构建好职业生涯规划工作运行的框架后，再根据职业生涯规划的过程、步骤（知己—知彼—抉择），就可以设置出职业生涯规划体系的组织结构图（见图6）。

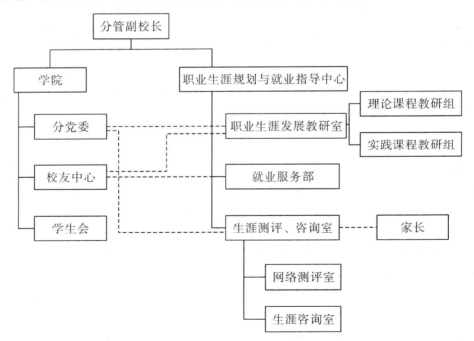

图6　大学生职业生涯规划体系组织结构图

如图所示，新的职业生涯规划体系的组织结构中，由分管就业工作的校领导直接协调各学院和学校中心的关系，学院与中心处于平等级别，同时又确立以中心为体系中心纽带的作用，形成学院—中心—家长有机结合的关系。

（三）制度

要保障新的职业生涯规划体系有效运行，必须制定完善的制度作为保障。根据制定的战略和组织结构，财经大学必须在师资建设、课程建设、测评咨询以及部门办事流程等方面制定专门的制度，保障相关工作得到彻底执行。同时，根据职业规划工作市场化、动态化等特点，制度中还应鼓励创新，调动中心、学院等部门的积极性和创新性。

第一，制定职业生涯规划体系工作总则。明确分管校领导、学院、职业生涯规划与就业指导中心的权力和职责。同时明确学院、职业生涯规划与就业指导中心下属各部门的职责、办事流程。使得学校的职业生涯规划工作规范化、专业化。

第二，制定师资建设制度。制定人才引进标准、工作待遇、工作考核等方面的标准。为引进高水平人才提供制度保障。同时为生涯辅导以及职业规划教学工作提供制度支持，从待遇、职称晋升等方面解决工作人员后顾之忧。

第三，制度建设中突出协调、合作。通过制度加强各部门的协调合作。比如辅导员全面参与职业生涯规划理论课程教学，校友中心与就业服务部以及实践课程教研组、学校与家长等多方面的合作、沟通、协调，都需要以制度来规范、监督。

第四，鼓励自主创新。通过制度为自主创新提供支持和保障。职业生涯规划工作具有市场化、动态化特点，其工作开展需要与时俱进、勇于创新，在新体系的制度中，需要通过制度鼓励自主创新，打造自己工作特色。

（四）人员

在新的职业生涯规划体系中，将特别强调"尊重人、重视人"。每一位充实职业规划工作的员工将受到尊重与重视。通过培训认证、交流学习等方式，打造一支高学历、高水平、高素质的专家化团队。

第一，全面实现辅导员队伍GCDF（全球职业规划师）的认证。为职业生涯规划理论教学充实师资资源。同时，通过资格认证、沙龙、学术交流等方式打造专家化的职业生涯咨询师队伍。

第二，构建校外导师库。引入校外职业导师和校友企业家，通过导师的成功经历，为学生树立一个成功的榜样。同时，通过职业导师的言传身教，让学生接触或获取到职场最新、最真的信息，从而有目的地培养自己所欠缺的能力。弥补了目前学校师资单一，教学实践性欠缺等不足之处。

第三，家长参与。在新体系中，家长将全程参与学生的职业生涯规划，充分发挥家长的影响作用。

（五）技能

对于从事职业生涯规划工作的所有员工，将全面提高其专业技能，保障职业规划体系的良好运行。

第一，为教学、咨询人员提供常态化的技能培训。在职业生涯发展教研室和生涯辅导室，将通过沙龙、培训、讲座等方式，提高教师的专业技能。

第二，为学生家长提供一定的职业生涯规划知识及信息服务。通过互联网新媒体方式，为学生家长提供一定的职业生涯规划信息服务，提高学生家长的职业生涯规划意识，树立正确的职业生涯发展观，从而正面地影响学生的职业生涯规划。

（六）风格

新的职业生涯规划体系将继续秉承"以人为本"的风格，以学生需求为中心，为学生提供专业化的职业生涯规划教育和服务。使得新的职业生涯规划体系充满人文关怀。其次，具备市场化、国际化的眼光和观念，积极整合校友企业资源。最后，鼓励开拓创新，形成自己特色。总的来说，新的职业生涯规划体系将形成市场化、国际化、开拓、创新，同时具备良好的社会责任感，乐于奉献的风格。

（七）共同价值观

在新的职业生涯规划体系中的所有人员，将在新的战略框架内形成共同的价值观。即服务学生，奉献社会。教育工作，体现的更多的是奉献精神。为保证全体员工工作热情，实现职业生涯规划体系的战略目标。学校需要采取精神鼓励和物质奖励相结合的方式，加强宣传强化，树立甘于为教育事业奉献的共同价值观，保证职业生涯规划体系的有效运行。

四、结语

根据麦肯锡 7S 模型构建的职业生涯规划体系，将原本分散到各部门的职业生涯规划工作和功能整合到一个有效的体系中。首先通过战略的制定，为职业生涯规划工作树立一个宏伟的远景目标。在战略的指导下，构建出健全、高效、稳定的组织结构。再依次配置相应的制度、人员、技能，形成自己的共同的价值观和风格。这样的职业生涯规划体系，将使得财经大学的职业生涯规划工作具备战略性、前瞻性和有效性。

参考文献

[1] 罗伯特·C. 里尔登. 职业生涯发展与规划 [M]. 侯志瑾，等，译. 北京：中国人民大学出版社，2010.

[2] 方少华. 管理咨询工具箱 [M]. 北京：机械工业出版社，2008.

[3] 吕春明. 职业生涯发展与规划 [M]. 山东：山东人民出版社，2010.

[4] 吴俊华，张进辅. 我国大学生职业兴趣的特点调查 [J]. 西南大学学报，2008，34（2）.

需求视角下大学生就业能力培养

——基于对西南财经大学人力资源管理专业的调研

公共管理学院　　　陈　宁　张华静

摘　要： 自高校扩招以来，高等教育开始了跨越式发展，高等教育从精英教育向大众教育转变，毕业生数量逐年增加，大学生就业能力培养问题得到越来越多的关注。近年来，随着知识经济的不断发展，对人力资源管理专业人才的需求呈大幅增长趋势。作为一门新兴学科，人力资源管理专业学生就业能力备受关注。本论文基于需求的视角，围绕西南财经大学公共管理学院人力资源管理专业就业能力培养，总结了近年来在人才培养和学生工作中取得的经验。

关键词： 需求　就业能力　人力资源管理专业

一、就业能力

就业能力是大学毕业生在校期间通过知识的学习和综合素质的开发获得的能够实现就业理想与自身价值，满足社会需求的本领，是大学生获得、保持和转换工作所需的各种知识、技能、个体品质等的集合。

大学生就业能力培养是一项系统工程，它以培养全面发展的人为主要目标，其目标就是提高人的整体素质，使之成为对社会有用的人才。以需求为导向，将高校育人工作与市场经济的发展相联系，不仅能提高高校育人实效，更能提高教育的针对新和实效性，在保证人才培养质量的同时，推动社会经济的发展。从纵向上看，就业能力的培养应以学生的整个职业生涯为着眼点，超越功利与短视，摒弃终结性教育观念。从横向上看，就业能力涵盖知识、技能、素质、气质等诸多维度的众多方面，在培养过程中需要变"以知识传授为中心"为"以学生为中心"，变人才标准的"僵化与单一"为"差异与多元"，变培养方法的"刻板与单一"为"灵活与多样"，变学生未来发展的"片面与趋同"为"全面与丰富"。①

在知识经济时代，人力资源管理专业已成为当前高校中最热门和最具发展潜力的专业之一。作为一门新兴学科，人力资源管理专业应如何发展和定位，如何提高人才培养质量是当前许多开设人力资源管理专业的高校共同关注的一个核心问题。西南财经大学早在 1994 年就开设了人力资源管理本科专业，并成为国家级特色专业和国家级精品课程。在十多年的发展过程中，积累了众多经验。鉴于此，我们以西南财经大学公共管理学院人力资源管理专业学生的就业能力培养为切入点进行针对性研究。

二、基于需求的人力资源管理专业就业能力

面对经济发展需要和市场、社会需求，西南财经大学公共管理学院以经济学和管理学为特色，以多元学科协同创新发展为载体，以应用为核心，以需求为导向，采取"通才"加"专才"和课内外教学双向贯通式培养机制，以培养"基础厚、口径宽、能力强、素质高"具有一流思维力、表达力（能说、会写）和行动力（善沟通）的现代高级管理人才为人才培养导向，提升学生就业能力。

（一）有的放矢，明确市场需求

学院坚持每年对人力资源管理专业的市场需求情况进行详细调研，通过收集学校专场招聘会、大型双选会以及社会招聘等用人单位数据，从中分析、整理出劳动力市场对人力资源管理专业的需求情况，让数据说话，同时将调研数据和结果及时反馈给人才培养系统，促使学院优化人才培养计划、教学课程安排、学生活动设计以及实习实践，使整个人才培养更加有的放矢。以 2014 年为例，学院对 47 家不同规模、行业和地区企业的人才需求进行了调研，向人力资源管理专业学生发放就业能力调查问卷 228 份，收回 220 份，有效问卷 211 份。通过历年来多次调研与不断更新，我们将人力资源管理专业核心能力总结为下列内容，明确就业能力培养的方向与目标。

（1）专业基础理论知识扎实。诚信敬业、无违法违纪行为或其他不良记录。

（2）通过大学英语四级以上，通过大学英语六级及英语口语流利者优先。有学生会、社团、学生干部工作经验、有文体特殊专长、党员优先。

（3）良好的 Office 软件操作能力，能够熟练使用 PPT、Excel、Word 软件。通过全国高校非计算机专业计算机联合考试二级及以上考试。

（4）有较好的文字功底和活动策划组织能力。

（5）良好的沟通表达能力、组织协调能力和团队协作精神；较强的执行力、人际交往能力、学习能力和创新能力。

（6）能够快速适应工作环境，抗压能力强。

（7）持续的学习能力与意愿，具有积极进取的心态和敬业精神，责任心强。

---

① 张旺，杜亚丽，丁薇. 人才培养模式的现实反思与当代创新 [J]. 教育研究，2015，（1）：28-34.

（二）整合资源，构建多维体系

1. 就业能力培养体系立体化建设

积极开拓就业市场，建立完善的用人单位数据库。学院积极发动全院教职员工参与就业工作。不仅为每位学生设立导师，为其做全方位的指导，还利用全院教师的自身资源和主动地对外联系，多渠道开拓就业市场，采取"走出去、引进来"的方式，主动与一些用人单位取得联系，召开学院专场宣讲会，推荐学院毕业生就业。学院认真建立完善的用人单位数据库，并将用人单位信息录入到了学校的用人单位数据库系统中。

倡导"蓝海思维"，为多元化人才输送开辟潜在市场与合作空间。学院制定并由党政联席会讨论通过《公共管理学院鼓励毕业生到基层就业的奖励方案》，利用每一次就业工作会议、微信公众平台、QQ 群等机会，宣传学校、学院对于"选聘到村任职""特岗计划""西部计划""三支一扶"等基层项目的相关政策。学院还专门访问到基层就业的优秀校友，撰写相关报道，发挥优秀校友的榜样作用，在学生中树立到基层就业的典型。应届毕业生中有较大比例同学有意向到基层、到西部就业。

成立学院层面负责大学生职业能力培养专门机构，整合资源，提高利用率。成立学院层面职业发展中心，以该中心的名义整合资源，开展活动，构建集网络测评中心、职业博览、实习实践信息与服务、职业发展系列工作坊、毕业生事务与行业校友数据库、职业发展讲座、媒介支持与职业发展课程于一体的职业发展体系，引导学生按照经济学、管理学的思维认识职业发展与就业行为。

2. 就业能力培养体系全程化建设

针对不同年级的知识、能力特点，针对性地设计相关内容（见表1）。全程化的就业能力培养体系分为启蒙阶段、规划与调整阶段、素质培训阶段和发展与优化阶段，分别对应大学一年级、二年级、三年级、四年级。

在启蒙阶段，大学生刚迈入大学校园，憧憬大学生活，对未来职业发展较为迷茫，我们将工作侧重于基础知识学习、专业现状及前景、理想信念教育和职业生涯初步设计。通过《大学生职业生涯设计》、新生入学教育等课程与活动，帮助学生了解人力资源管理专业特色和未来发展趋势及就业前景，合理规划大学四年的学习生活。

在规划与调整阶段，评估学生的个性特征和职业发展倾向，不断培养学生的就业兴趣爱好，帮助学生调整发展目标，明确就业发展方向。

在素质培训阶段，加强学生竞争意识培养，通过专业课程学习和就业指导课程学习，提高学生就业能力，并针对部分有升学、创业倾向的同学，开展相应的教育指导。

在发展与优化阶段，更多的为学生提供社会实践机会，一方面通过专业实践充分将所学知识与具体实践相结合，提高学生专业认知和素养；另一方面通过实习实践强化就业技巧与技能培养，并相应开展就业形势与政策解读、创业指导等活动。

表 1   **全程化就业能力培养**

大学一年级 （启蒙阶段）	基础知识学习
	专业现状及背景
	理想信念教育
	职业生涯初步设计
大学二年级 （规划与调整阶段）	专业知识学习
	就业兴趣培养
	就业趋向测评
	心理健康教育指导
大学三年级 （素质培育阶段）	升学指导
	专业能力与素养
	就业能力与素质
	创业、创新教育
大学四年级 （发展与优化阶段）	专业能力与实践
	就业形势与政策
	就业技巧、技能
	创业指导

3. 就业能力培养体系信息化建设

建立毕业生就职意向数据库，多渠道及时发布招聘信息。调查统计应届毕业生的就业地区意向、就业单位意向，以便有针对性的开展就业推荐，并组织学生参加毕业生事务管理系统调查；不断完善就业信息平台建设。学院网站专门设立了就业专栏，对外进行宣传，择优推荐毕业生，对内发布学院就业工作安排、用人单位需求信息、就业指导知识、就业政策等。学院还建立了毕业生的就业 QQ 群、飞信群，以便以最快的速度让毕业生们知晓就业信息，提醒学生相关毕业事宜；此外，收集全部毕业生的简历，建立了毕业生简历库，以便向用人单位推荐。制定了毕业生就业跟踪调查表，对毕业生进行追踪跟进来了解情况，完善了毕业生的服务系统。

（三）注重实践，打造活动体系

学院注重专业教育和能力教育相结合，建立符合专业人才培养目标的学生管理与实践活动体系。依托四大协会（人力资源协会、公共关系协会、青年领导力协会和西部马术文化研究协会），构建四大品牌活动（模拟招聘大赛、公共关系策划大赛、模拟联合国和"公管情韵"晚会），着力提升学生专业素质和就业能力。学院与 50 余个地方政府、企事业单位、金融机构、知名企业建立了长期的实习实践合作关系，学生都能参与到各种社会实践。其中模拟招聘大赛是由西南财经大学公共管理学院发起，经四川省学生联合会批准通过的四川省级大学生竞赛。模拟招聘大赛已举办十年，每届比赛历时两个月，直面万名学生，覆盖川渝京滇多个地区，与近百家企业合作，受到多家媒体的跟踪报道，成为真正的高校版"职来职往"，提升学生就业能力。

（四）自我管理，面向长远未来

学院以培养学生的综合能力为切入点，以"三自"管理为学生思想政治工作与能力素质培养的重要方式。根据每年年初制定的思想政治教育教育计划，围绕学生"三自"教育开展工作，以学生为本，充分适应学生当前学生心灵敏感、乐于思考、敢于怀疑、勇于探索的心智特点，发挥学生主体作用，强化学生主体意识，提升学生主体能力，培育学生主体道德责任感，缩短学生从依赖到独立的过程。具体从以下几个方面开展活动。

（1）新生入学教育。围绕尽快适应大学校园生活、如何加入社团或学生会等组织、如何开展活动、大学课程学习、考研与就业等问题进行定期或不定期的交流。

（2）学生党建指导。在发展党员中，采用1+N模式：1名正式党员负责N名入党积极分子的思想考察、谈话、生活帮助等。1名预备党员负责N名普通同学学习、生活帮助和思想引领。在党组织生活观摩中采取项目分组制。党建指导站统一以半命题的方式传达党组织生活的主题，各党支部将党员和预备党员分成小组，每组自行设计和组织党组织生活，汇报成果。

（3）心理健康教育。大力提高班级心理委员能动性，采用1+1模式：心理委员针对班级有困扰的同学通过聊天的方式提供心理支持。每周一则心理小贴士，宣传心理知识，提供理论帮助。

（4）学业与科研。通过经验交流会、一对一辅导等模式，组织高年级中学习成绩优异、科研素养好、学有余力的同学帮助低年级学习困难同学。

（5）学生职业生涯规划与就业指导。通过一对一朋辈辅导、主题沙龙、经验交流会、模拟招聘会、典型案例分析、企业参观等多种形式，邀请校友及高年级同学向低年级同学传授经验。朋辈教育这一"具有相似成长社会背景和思维特点的一群学生对另外一群学生进行经验分享、提供情感支持与帮助"的教育模式，充分发挥了学生的主体作用，提升了学生就业能力。

三、总结与展望

经过十余年的发展，人力资源管理专业毕业生保持了高水平、高质量的就业率，约30%的毕业生在金融行业任职，初步形成"金融行业人力资源管理"专业特色，拥有良好的社会声誉，得到用人单位高度评价。围绕学校建设特色鲜明高水平研究型财经大学的战略目标，"十三五"期间，在人力资源管理专业建设中更要紧跟国民经济和社会发展需要，不断提高人才培养质量。

参考文献

[1] 范冠华. 美国大学人力资源管理专业教育的实践及其启示——基于学生胜任力开发的视角 [J]. 比较教育研究，2012，(9)：59-64.

[2] 王艳艳，赵曙明. 我国人力资源管理本科专业课程体系设置研究 [J]. 人力资源管理，2010，(8)：37-39.

[3] 苏志霞，张广兴，苗萌. 基于需求的高校人力资源管理专业教学生命流程再造 [J]. 河北师范大学学报（教育科学版），2008，10 (4)：31-34.

[4] 傅志明. 我国人力资源管理专业发展现状与对策 [J]. 煤炭高等教育，2001，(2)：10-12.

[5] 索罗帆，李昂，彭谦. 就业需求导向的人力资源管理实践教学改革探索 [J]. 高教论坛，2009，(7)：43-45.

[6] 张旺，杜亚丽，丁薇. 人才培养模式的现实反思与当代创新 [J]. 教育研究，2015，(1)：28-34.

本科生职业生涯规划全程化体系的构建研究[①]

学生职业规划与就业指导中心　　徐利军　官志方
会计学院　　　　　　杜超吾
中国金融研究中心　　李　艳

摘　要：本文以本科生为研究对象，从本科生职业生涯规划全程化体系的理论入手，通过本科生职业生涯规划全程化体系的现状研究，分析本科生职业生涯规划的特点与需求，并提出构建本科生职业生涯规划全程化体系的具体实施途径，以期能够为我国高校本科生职业生涯规划全程化体系的构建提供一些参考。

关键词：本科生　职业生涯规划　全程化

一、本科生职业生涯规划全程化体系概述

全程化职业生涯规划教育的理论来自两个方面：一是终身教育理论；二是职业生涯规划的发展阶段理论。前者体现了我国"活到老，学到老"的古训；[②] 后者是职业生涯规划的基本理论之一，注重职业发展不同时期的个体特征和职业发展任务。[③] 本文认为本科生职业生涯规划全程化就是遵循将大学生身心发展的规律与各年级学生的不同特点相结合、与学生的职业发展愿望相结合、与学校的培养目标相结合、与市场的需求相结合，以明确学生今后的职业目标和发展方向为重点，对学生进行思想意识、职业素质、职业道德、创业能力等多方面具有针对性的职业生涯规划教育，并将各阶段的教育有机结合起来，形成的系统完善的贯穿于大学教育的全过程的职业生涯规划教育体系[④]。

通过整理相关文献资料，我们梳理了国内外本科生职业生涯规划全程化研究现状。

---

① 本文系思想政治教育研究课题（高校辅导员专项）研究成果。
② 姜代武，张超. 浅议终身教育理念［J］. 吉林广播电视大学学报，2009（3）.
③ 曾美英，窦秀明. 大学生职业规划与辅导［M］. 北京：北京航空航天大学出版社，2008.
④ 张正武. 大学生全程化职业生涯规划教育研究［D］. 济南：山东大学，2009.

在理论方面，美国作为职业生涯理论发源地，较早在学校中进行职业生涯教育，至今已有百年历史。自 20 世纪 90 年代以来职业生涯本土化得到不断实践和发展。部分国内学者对国内大学生职业生涯规划做了一些研究，形成了我国大学生生涯规划教育的理论雏形。在实践方面，国外大学对学生全程化教育和个体化服务已有相对成熟的运行机制，比如美国为学生量身定制四年职业规划项目。日本高校早在 20 世纪中后期已正式将职业生涯规划列入课堂教学。在英国，教育部门将职业生涯规划教育提到法律的高度，提出社会各界要为学生熟悉了解行业提供有力的帮助。在瑞典，有 20% 职业指导课程在校外进行，不仅安排学生实习参观，还会邀请职业生涯专家全方位为学生指导职业生涯选择。总体而言，国外发达国家职业生涯指导个性化，服务系统化，注重全程化。虽然目前国内高校也越来越重视职业生涯规划，但各高校对本科生的指导形式比较单一，没有形成全程化教育模式。因此，借鉴国外先进经验，基于各年级学生不同情况，有针对性地开展全程化职业生涯规划仍然是个亟需研究的课题。

二、当前我国高校本科生职业生涯规划教育现状分析

为进一步了解高校本科生职业生涯规划教育的现状，本研究以四川省部分高校本科生为研究对象，进行了职业生涯规划情况调研。调研主要采取分段与随机抽样相结合的"盖洛普"抽样调查法填写调查问卷，辅之以面对面访问等多种形式相配合的方法开展。调研过程中实发问卷 2 000 份，回收 1 574 份，其中有效问卷 1 570 份，问卷有效率达 99.8%。通过调研数据的分析，并结合各高校具体情况，本文将从学生现状、高校现状和总体特点及需求三个方面对本科生职业生涯规划教育现状这个议题进行论述。

（一）学生职业生涯规划教育现状分析

对本科生职业生涯规划的调研，我们主要调查了本科生职业生涯规划认知、职业生涯规划满意度和职业规划参与积极性三个方面的现状，具体如下：

1. 学生职业生涯规划认知现状

调查数据显示，对职业生涯规划的概念有系统了解的学生占比不足 50%，其中表示"比较了解"的学生占 41%，而"十分了解"的学生只占 6%。对个人职业生涯规划重要性的认识问题上，近九成学生认为职业生涯规划很重要，但学生持续进行职业生涯规划的意识仍然很淡薄。

2. 学生对职业生涯规划教育满意度现状

在学生对学校职业规划与就业指导相关服务的满意度方面，调查数据显示，对于修读过课程的同学，有 43.58% 认为该类课程没有意义，主要原因是此类课程内容过于理论化（61.31%）或缺乏体验式活动（60.67%）。对于学校提供的除课程以外的职业规划与就业指导服务项目，46.44% 的学生都表示满意度一般。

3. 学生参与职业生涯规划教育现状

通过对学生课程参与积极性的调查，我们发现大部分学生参与职业生涯规划课程仅

是为了修读学分，整个职业生涯规划课程中学生缺乏主动性，课程结束后的持续规划意识欠缺，而有效的生涯教育是需要激发每个个体的成长欲望，需要学生主体积极主动参与其中。

总体来看，尽管学生对职业生涯规划的重要性有了浅层意识，但对相关概念的系统性认知还尤为不足，持续进行职业生涯规划的意识也十分淡薄，进而导致了绝大多数学生的职业定位模糊，发展目标不明晰。虽然许多学校都提供了职业生涯规划的相关课程及服务，但由于课程内容过于理论化且缺乏互动体验，学生多是被动参与，满意度普遍较低。

（二）高校职业生涯规划教育现状分析

从高校开展情况来看，各学校基本都意识到了本科生职业生涯规划的必要性，但还存在许多问题。总体来看，学校职业生涯规划教育功能狭窄，处于布"点"阶段，还未完全形成科学的培养主"线"，大多局限于低年级入学教育及高年级就业指导。具体表现在以下三个方面：

1. 本科生职业生涯教育辅导体系碎片化

从各高校实际情况来看，本科生生涯教育主要集中在大一新生的职业生涯规划课程教学和大四毕业生的就业指导，针对大二和大三学生的生涯教育基本上是碎片化的，各阶段之间在内容和形式上都缺乏衔接性和系统性，呈碎片化教育模式，导致供求不匹配。

2. 本科生职业生涯教育需求研究表面化

从学生的问卷显示来看，课程设置过于理论化，缺少体验，授课老师专业化程度不高，课程不成体系，也是导致学生学习效果不明显的一个重要原因。课程体系在教育理念、方式、途径、实践等方面均明显滞后，不能满足学生和社会的需求，很大程度上制约了大学生职业生涯规划教育功能的充分发挥。现阶段很多高校将毕业生的就业率视为人才培养的目标，缺乏对就业质量的深层关注，缺乏对大学生在校期间的生涯规划需求的深入调研。因此很多高校都没有以增强学生的可持续发展能力为目标，无法为学生提供全方位、有针对性和个性化的生涯教育服务。

3. 本科生职业生涯教育资源缺乏统筹性

首先，我国高校生涯规划教育资源很分散，缺乏对各种资源的有效整合；其次，学校对于生涯教育的效果没有进行有效评估，缺乏生涯评估机制；最后，大多数高校主要是依靠实体教学开展生涯教育，缺乏职业生涯规划全程化信息管理平台。

（三）本科生职业生涯规划教育的总体特点及需求现状分析

总体来讲，本科生各年级学生在职业生涯规划中呈现出不同特点。调查数据显示，对职业兴趣比较了解的学生占比由大一的 43.50% 上升到大四的 61.50%；具有明确就业目标的学生占比由大一的 17.00% 上升到大四的 25.30%；对工作世界比较了解的学生占比由大一的 20.30% 上升到大四的 40.10%；认为自己基本能达到用人单位招聘要求的学生占比由大一的 18.70% 上升到大四的 53.30%。从以上数据我们可以看到，学生从大一到大四对自身职业兴趣的认识、就业目标的确立、对工作世界的了解程度和自我达标程度随年级逐渐增强。在整个大学期间，随着年级的增长，本科生对学校职业规划与就业指导相关服务的需求侧重点也有较大变化，主要表现在以下几个方面：第一，在生涯发展相关服务需求方面，对课程类服务的需求明显下降，对就业、实习类服务的需求大大增加。第二，在了解自身职业兴趣和能力的途径方面，对职业生涯指导老师的依赖性逐渐下降。第三，在了解用人单位途径方面，对招聘会、宣讲会、实习实践的依赖性有所加强，对职业生涯课程依赖性下降。第四，在职业能力培养方面，对专业学习的重视度下降，更看重社会实践等校外途径。第五，在职业能力提升方面，对面试技巧、就业信息收集等能力提升的要求上升。第六，在面临职业选择困惑方面，对学校或学院职业规划与就业指导相关机构提供的咨询辅导服务需求下降，而对获取高年级同学或毕业校友等人员建议的需求增加。

分阶段来看，根据各年级学生职业生涯规划特点，从大一到大四，又可进一步分为探索期、成长期、形成期及强化期。在探索期，新入校的大一学生学习目标不明确、校园生活难适应、专业认知不清晰等问题凸显。在成长期，学生职业规划意识虽强烈，但职业了解与信息搜索能力、自我认知能力都比较欠缺。在形成期，学生处于生涯规划的关键时期，其特点主要表现为：一方面，对职业规划重要性的认识程度较高，但由于实践经验缺乏以及相关就业指导的方法不足，学生缺乏主动性，职业相关信息掌握不足，心理上比较脆弱；另一方面，在职业规划及选择上，缺乏中长期规划，择业功利化倾向严重，忽视长期发展。在强化期，大多数学生对环境、信息了解不全面，不能正视就业形势，心理压力较大。

与此同时，通过调查我们还进一步归纳出了各年级学生的职业生涯规划需求，大一学生需要尽早完成入学适应，树立规划意识，以便顺利过渡到大学生活的"黄金时期"；大二学生需要加强职业生涯规划重视度，准确认知自我、发展自我，结合学习与实践做出尝试性的职业选择与规划[①]；大三学生需要提高求职方法技能，丰富实践经验，树立正确的择业观；大四学生需要进一步提升职业实用技能，克服焦虑心理，顺利实现角色转换。

综上所述，要想构建本科生职业生涯规划全程化体系，必须根据目前学生、高校及生涯规划教育层面的现状，结合各年级学生特点及需求，有针对性地完善、实施构建职业生涯规划全程化所需的具体途径。

三、构建本科生职业生涯规划全程化体系的实施途径

在对当前我国高校本科生职业生涯规划教育现状进行分析的基础上，结合本科生各年级学生在职业生涯规划中呈现出的不同特点，本文认为构建本科生职业生涯规划全程

---

① 邓红，曹华玲. 大二学生职业生涯规划现状及原因分析 [J]. 黑龙江教育（高教研究与评估），2010（6）：40-41.

化体系的实施途径应包括生涯认知教育、生涯体验教育、职业初探教育和职业抉择教育四方面内容。

（一）生涯认知教育

生涯认知教育主要面向大一学生，以培养职业规划意识为目标、明确大学阶段使命为中心、启发个人理想为关键、专业熟悉为切入、体验引导为保障。

1. 新生调研

开展面向大一的新生调研，从入学、学业、人际适应与职业规划意识等方面进行调查，全面、深入地了解大一学生的职业规划现状及需求。可以购买专业的职业测评系统，利用专业的测评工具帮助学生进行全面的自我探索、行业探索等，并组织有相关资质的教师为学生提供测评报告解读。

2. 职业生涯规划课程

在大一开设《大学生职业生涯规划》课程，完善课程体系与师资队伍建设，引导和帮助新生尽快完成入学适应，及早树立生涯发展理念，掌握职业生涯规划方法。

3. 大学生涯教育

以学校、学院两个层面开展覆盖全员的大学生涯教育，如开展"新生职业规划宣传月"活动，主题包括"走进我的大学""学涯规划""大学时间管理""校园资源利用"等，活动主要以沙龙、工作坊、讲座、主题班会等形式开展，帮助大一学生在进校后尽早地了解大学的学习和生活。

4. 专业认知教育

新生入学后由院系开展与学生修读专业相关的专业认知教育，向学生详细介绍其修读专业的培养目标、修读计划、课程设置、发展路径等，使学生有更清晰的专业认知，同时在面临转专业选择时能更理性地作出决策。

（二）生涯体验教育

生涯体验教育主要面向大二学生，是一种基于体验式学习的教学模式，特点是有较强的针对性、互动性、参与性，让学生在体验式的职业生涯教育中获得成长。

1. 职业素养提升

大学生的职业素养提升，一方面要结合社会、职业及岗位对素质能力的要求，引导学生从多方面不断充实自己；另一方面要遵循素养形成的渐进性，在学生低年级时着力培养。实施时可不断拓展形式，丰富内容，使职业素养提升的实施途径多样化，如举办"职业素养工作坊""生涯咖啡馆""职场观察室"等活动；定期组织"生涯故事""经验交流"等职业体验分享会；开展"生涯人物访谈大赛"和"职业生涯规划大赛"等比赛。在校园中广泛宣传，营造良好氛围，增强学生规划意识，提升学生职业素养。

2. 初步的行业体验

聘请行业导师开展行业课堂，介绍行业特点、发展趋势、人员招聘要求等，学生通过与专业人士面对面的交流，加强行业认知，增强行业兴趣，从而达到不断提升学生职场认知和信息识别能力的目的。

3. 提供具有针对性的个性化服务

根据学生在生涯规划中的个性化需求，提供具有较强针对性的服务，如为学生提供"一对一"个性化咨询服务，由取得职业生涯规划领域相关资质的老师提供咨询服务，这种方式针对性强，对学生的疑惑反馈及时，互动性强，从工作实践来看效果较好。

（三）职业初探教育

针对大三学生的特点和需求，引导学生进行职业初探，其目的在于引导学生探索工作世界，了解职业特点及要求，深入关注社会人才需求，对职业倾向作进一步确认，初步形成个性化职业理念与职业规划。

1. 为学生实习、实践创设平台

与用人单位合作建立学生实习、实践基地，成立职业导师队伍，组织实习双选会，为学生获取实习信息搭建平台，并提供充分的指导和支持，不断提升学生专业技能与就业能力。

2. 组织实地参观学习活动

根据专业特点，组织开展企业参观体验活动，通过实地体验的方式让学生全面了解行业工作环境、工作流程及工作要求，促进学生对工作世界的全面认识，明确行业职业发展要求，自觉增强行业探索意识。

3. 邀请行业嘉宾开展行业教育

邀请行业嘉宾到学校举行讲座、交流活动等，通过"职业大讲堂""红人馆"等活动深入分析行业特点、发展趋势、职业素养、招聘要求等，不断加强学生对行业的认知，引导学生了解职业特点和要求，进一步探索工作世界。

4. 开设课程以及编制宣传手册

开设《大学生就业指导》课程，编制《行业探索手册》《就业辅导手册》等宣传手册，为学生提供及时、全面的就业形势与真实、可靠的行业信息，帮助学生全面了解职业要求，增强行业探索意识，进一步明确职业发展方向。

（四）职业抉择教育

大四是职业抉择的节点，应该根据学生就业、考研、出国、自主创业等不同的规划情况，通过宣讲、培训、咨询辅导、朋辈交流、典型示范等途径，运用网络媒介等更便捷、更贴近学生群体的方式，开展有较强专业化、实用性的分类辅导。

1. 就业形势教育

学校就业部门和学院通过专题网页、宣讲会、"一对一"咨询等方式，开展就业相关政策制度、就业形势、企业人才需求、签约注意事项等方面的解读与答疑。

2. 职业决策教育

提高学生职业决策能力，主要在于培养学生职业决策的意识，增强学生自我探索与工作世界探索能力，提升职业认知与自我认知能力，开展有针对性的职业决策能力培训。

3. 职业道德与诚信教育

职业道德是指人们在职业活动中应遵循的行为准则，包括了对从业人员职业观念、职业态度、职业技能、工作纪律、工作作风等方面的行为标准和要求。诚信是人类社会千百年传承下来的道德传统，也是社会主义核心价值观的重要内容。学校可以通过多种形式对学生开展职业道德与诚信教育，营造人人讲诚信的校园氛围，宣传积极正向的职业道德观念，通过诸如团体辅导、主题班会等活动，倡导学生诚实守信，爱岗敬业。

4. 求职教育

通过工作坊、讲座等多种形式开展求职教育，如从简历制作、面试指导、面试着装等对学生求职环节进行有针对性的指导，从心理、生理、岗位、知识技能及人际等方面引导学生如何在求职过程中调整状态，适应职场要求。求职教育可通过开展"职场素质训练营"专门针对某项就业能力进行训练，也可以通过开设"一对一"简历诊所、模拟面试、开设职场礼仪讲座等方式进行。

本科生职业生涯规划全程化体系的构建是基于学生各阶段的特点与需求，将职业生涯规划相关教育活动有机地结合起来，体系具有全程化、全员化、专业化、社会化、个性化的特点，能有效避免学生在职业规划中的盲目性，促进学生全面发展，提高学生就业能力，同时在进一步完善高等学校的素质教育体系，推进高等学校教育教学改革中也有重要意义。

参考文献

［1］姜代武，张超. 浅议终身教育理念［J］. 吉林广播电视大学学报，2009（3）.

［2］曾美英，窦秀明. 大学生职业规划与辅导［M］. 北京：北京航空航天大学出版社，2008.

［3］张正武. 大学生全程化职业生涯规划教育研究［D］. 济南：山东大学，2009.

［4］邓红，曹华玲. 大二学生职业生涯规划现状及原因分析［J］. 黑龙江教育（高教研究与评估），2010（6）：40-41.

高校毕业生就业质量评价体系构建

学生职业规划与就业指导中心　　　罗　锋

摘　要： 分析国内外对高校毕业生就业质量评价指标体系的研究和就业质量报告发布现状，结合高校的办学定位和层次，提出毕业生就业质量评价体系的构建要在客观反映毕业生就业概况的基础上，突出毕业生就业质量的内涵，包括毕业生就业情况调查、毕业生雇主需求、未就业学生状况分析等。

关键词： 高校毕业生　就业质量　就业统计　启示

高校就业质量报告的发布，对高校人才培养、就业工作提出了新的要求。2013 年，教育部办公厅发出《关于编制发布高校毕业生就业质量年度报告的通知》，要求高校发布年度就业质量报告，并对指标体系做了明确规定，包括"毕业生就业概况、毕业生社会评价、就业工作特色、招生就业培养联动机制、就业趋势研判"等五项指标。2015 年，教育部在《关于做好 2015 年高校毕业生就业质量年度报告编制发布工作的通知》中，对报告主体内容提出了"应包含分院系，分专业的就业状况，有就业意愿未就业毕业生、升学、暂不就业等情况"要求，首次把未就业学生的就业状况作为一个重要指标。本文结合国内外对就业质量评价体系的相关研究成果以及国内部分高校就业质量报告的发布情况，构建毕业生就业质量评价体系。

一、国内外就业质量评价研究

全国教育科学规划小组办公室 2012 年发布的《高校毕业生就业状况监测体系研究》成果报告中，将毕业生就业状况监测指标体系分为就业率、就业分布、创业、需求、满意度等 5 个一级指标和 20 个二级指标。在需求指标方面，包括供需比、经济发达区域需求比率、国内外知名和大型企业需求比率、各区域需求比率、各行业需求比率；在满意度指标方面，对岗位与意愿相适度、岗位与专业相适度、薪资满意度、职业发展前景与工作环境满意度、平均月薪水平、求职成本、求职渠道、求职时间、岗位与毕业生能力相适度等均有涉及。

学者陆羽提出高校毕业生就业质量评价指标包括就业率、毕业生供需比、薪金水平、就业结构、社会认可度等 4 个一级指标和 10 个二级指标。在二级指标中，强调了需求单位层次、需求岗位层次、专业需求的相关度等指标，强调了用人单位市场在就业质量中的关键性影响作用。

纵观国内各高校发布的就业质量报告，高校间差异较大，指标体系的设计也比较具有学校的特色（见表 1）。如中国人民大学 2013 年度就业质量报告，提出了一个毕业生就业质量模型：包括就业环境、就业市场（社会需求、招聘信息来源、单位地区分布、用人单位粘度、就业机会）、就业能力（社会评价、通用就业力）、就业状况（签约率、主要签约单位、稳定度）、劳动报酬（期望薪酬实现度）、就业满意度、就业服务满意度等指标。其中对就业市场、就业能力的指标设计，非常全面和系统，值得借鉴。

表 1　　　　　　　　　典型高校 2013 年就业质量报告指标对比

高校\指标	上海财经大学	中国人民大学	北京大学	对外经济贸易大学
毕业生就业概况	毕业生去向概况：毕业生基本情况、毕业生去向概况、毕业生单位就业概况；毕业生单位就业概况：行业流向、单位性质、地区流向	毕业生规模、结构、就业率；毕业生就业单位性质、地区流向、行业分布	就业规模结构、流向分析（单位性质、地域、行业结构）、分学科就业情况统计（总体流向、单位性质、地域）	规模结构分析、就业率、就业质量（签约率、地域分布、行业分布、就业与专业契合度）
毕业生社会评价	毕业生就业质量：毕业生从事具体岗位、毕业生对所签单位满意度、毕业生对所从事岗位满意度；雇主招聘需求分析：行业需求分析、岗位数量分析、单位性质分析	毕业生就业质量分析：就业环境、就业市场（社会需求、招聘信息来源、单位地区分布、用人单位粘度、就业机会）、就业能力（社会评价、通用就业力）、就业状况［签约率（主要签约单位）、稳定度］、劳动报酬（期望薪酬实现度）、就业满意度、就业服务满意度	无	毕业生满意度、用人单位满意度
就业工作特色	毕业生对就业工作评价	特色概况	特色概况、部分优秀毕业生事迹简介、代表性理论研究成果	特色概况

表1（续）

指标 \ 高校	上海财经大学	中国人民大学	北京大学	对外经济贸易大学
招生就业培养联动机制	毕业生对人才培养评价	无	无	教育教学反馈概况
就业趋势研判	无	无	无	就业趋势特点

　　国外对高校毕业生就业质量的统计与国内有较大的差异。在调查时点方面，比较灵活，美国、英国、加拿大、印度、日本等国家调查时点在毕业后均有分布，普遍在毕业后 6 个月和 1 年，这点与我国毕业前统计差异较大。在计算特点等方面，大部分国家都将国内升学、出国和就业分开计算，与我国将国内升学和出国纳入就业率统计差异较大。

二、高校毕业生就业质量评价体系构建

　　结合国内外就业质量统计的特点和做法，笔者认为，就业质量评价体系在全面客观反映毕业生就业概况的同时，要结合各高校特色和办学层次定位，在毕业生就业质量指标体系上下功夫（见表2）。在调查时点上，毕业生毕业后半年、一年进行调查，会比较客观、全面反映毕业生的就业水平。

　　高水平大学，在国内升学、出国、签约全球 500 强企业、签约和学校办学特色相关度较高的典型企业等方面，要重点进行数据分析。同时，引入第三方数据，在毕业生就业情况调查方面，重点从毕业生就业信息来源、面试机会、OFFER 数量、就业岗位满意度、起薪调查等方面，体现毕业生的就业质量。在雇主招聘需求方面，除了传统的就业信息发布情况统计外，通过来校招聘用人单位性质结构、行业统计、地域分布、组团情况、500 强企业情况等分析，体现出毕业生就业市场的特点。在毕业生社会评价部分，引入第三方数据，从用人单位对毕业生整体满意度、用人单位对毕业生职业能力评价两个方面入手，客观反映毕业生的就业水平。

　　在未就业学生分析上，重点分析二次考研学生的比例和分布。对于高水平大学而言，因其生源质量和办学定位方面的特点，二次考研学生虽然被列入未就业学生的范畴，但是并不能客观反映该部分学生的就业能力。

表2　　　　　　　　　　高校毕业生就业质量评价体系

一级指标	二级指标	三级指标	数据来源
1. 毕业生就业概况	毕业生规模	本科生、硕士生、博士生人数	高校
	毕业生就业率	本科生、硕士生、博士生就业率、综合就业率、分学院、分专业就业率	
	毕业生流向	签约就业、国内升学、出国、自主创业、灵活就业、待就业比例及人数	
		有就业意愿未就业学生、二次考研学生、暂不就业学生分布	
	毕业生国内升学、出国情况	总比率、分学院、分专业出国情况	
	毕业生签约就业概况	总体地区、单位类型、行业结构流向；本科生、硕士生、博士生地区、单位类型、行业结构流向	
	毕业生基层就业情况	考取选调生、基层项目、军队就业统计	
2. 毕业生就业质量	毕业生国内升学典型学校	考取"985""211"（不含"985"）、非"211"学校统计	高校
	毕业生出国典型学校	申请全球排名前50、51~100、101~200分布	
	毕业生签约典型用人单位	世界500强企业统计	
		与学校办学特色相关典型企业统计	
	毕业生就业情况调查	毕业生就业信息来源、面试机会、OFFER数量；就业岗位满意度；起薪调查	第三方
	雇主招聘需求	就业信息发布情况	高校
		来校招聘用人单位性质结构、行业统计、地域分布、组团情况、500强企业情况	
3. 毕业生社会评价	用人单位满意度	用人单位对毕业生整体满意度	第三方
		用人单位对毕业生职业能力评价	
4. 就业工作特色	招生就业培养联动机制	教育教学特色和亮点；招生就业人才培养联动机制	高校
	就业工作经验和做法	鼓励毕业生基层就业、创新创业教育、自主创业、就业指导服务、就业反馈教育教学等方面经验和做法	
	就业趋势研判	毕业生就业形势、趋势研判	

参考文献

［1］柯羽.高校毕业生就业质量评价指标体系的构建［J］.中国高教研究，2007（7）：82.

［2］全国教育科学规划小组办公室."高校毕业生就业状况监测体系研究"成果报告［J］.大学（学术版），2012（6）：88.

［3］杨河清，谭永生.国外高校毕业生就业统计比较及对我们的启示［J］.人类资源开发与就业，2011（6）：28-31.